ケイン樹里安
[編著]
上原　健太郎

わたしたちが生み出し維持し、
逃れようともがき、
なおとらえて離さない、
「社会」の輪郭をなぞる。

ふれる
―― Tracing the Outline of Society ――
社会学

北樹出版

は じ め に

　本書は、社会学の重要トピックを網羅的に扱った教科書ではない。現代的な
テーマを扱った社会学の教科書である。本書のねらいは、あなたにとって身近
な、けっして見過ごすことができない現代的なテーマを取り上げることで、読
者であるあなたに、社会学的な「ものの見方」を習得してもらうことである。
社会学的な「ものの見方」を習得することは、わたしたちが暮らすこの社会に
ついて考えることである。社会について考えることは、わたしたちが暮らすこ
の社会を「より良いもの」に変えていくひとつのきっかけとなる。

　本書では、次の14のテーマを取り上げる。人々のつながりを維持し、あらた
な社会を構想しうる「スマートフォン」の現代的特性（第1章）。「飯テロ」と
いう SNS を介したあらたなコミュニケーション（第2章）。迫りくる「就職活
動」の圧力とそれへの対処（第3章）。感情を舞台にした「労働」のあり方（第
4章）。作られ、活用され、消費される観光イメージの舞台裏（第5章）。「スニ
ーカー」と分かちがたく結びつくグローバルな現象、人種、貧困の問題（第6
章）。「よさこい」踊り／祭りが成立する社会的条件（第7章）。わたしたちを誘
惑する「理想の身体」の正体とその多様性（第8章）。「レインボー」に象徴さ
れるジェンダーやセクシュアリティをめぐる歴史・現状・課題（第9章）。「外
国につながる子ども」の社会的現実が突きつける学校の限界と可能性（第10章）。
理想の対象でありながらも、排除や周縁化を経験せざるをえない「ハーフ」の
日常（第11章）。ある特定の人々に対して向けられる「差別感情」の内実（第12
章）。「障害」のまわりとしての家族の問題（第13章）。儀礼や権力によって可視
化される「魂」と社会構想の関係性（第14章）。最後の15章では、本書を貫く問
題関心の輪郭を、社会学の 3 冊の古典を参照しながら描いてみたい。

　各章の詳しい内容については、本文を実際に読んでいただきたい。ただし、
本書の14のテーマをつうじてあなたに伝えたいことはいってシンプルだ。そ
れは、わたしたちの日々のふるまいや考え方が、社会の影響から「自由」では
ないこと、そして、わたしたちのふるまいや考え方が、社会を作り、社会その
ものを変えていく、ということだ。たとえばスニーカーを履くことも、学校に
通うことも、障害者をケアすることも、一見すると個人的な行為として把握で

iii

きるが、どれも社会の影響を抜きにして考えることはできない。社会はわたしたちを捕らえて離さない。そのなかでわたしたちは、時に喜んだり、息苦しさを感じたりしながら、何事かを行い、考え、暮らしている。

　こうした社会学的な「ものの見方」を、身近で具体的なテーマを通じて、実際に身につけてもらうことが本書の目的である。ぜひとも本書を通じて、身近なことがらに「ふれる」ことが、実は社会の大きなしくみに「ふれる」ことでもあることを、身をもって体験していただきたい。

　社会学に興味をもち、社会学に関するレポートや卒業論文を作成したいと考えるあなたには、まずは手始めに、各章の末尾につけた「研究のコトハジメ」を読んでほしい。各章の執筆者が、研究の「事始め」をどのように迎え、向きあってきたのかについて赤裸々に述べている。社会について考える際の「最初の一歩」としてあなたの背中を押せればと思う。また、本書の巻末「コトハジメるコツ！」には、5つのコラムを掲載した。個人の心構えや精神論、センスで片付けられがちな話題──授業内容のまとめ方、調査の際の記録の取り方、集められた記録の注目すべきポイント、レポートや卒業論文の執筆の際に心がけること──を正面から取り上げている。参考にしてほしい。さらに、レポートや卒業論文の執筆には、本を読む必要があるだろう。学校や近所の図書館で本を借りるのもひとつだが、ここでは、実際に書店に足を運ぶことをオススメしたい。普段はあまり考えたことがないかもしれないが、本を多くの読者に届けるために、書店員はたくさんの工夫を凝らしながら本棚を作っている。本書の最後に、特徴のある棚を作っている書店員へのインタビューを掲載しているので、書店の楽しみ方のポイントをおさえた上で、あなたの街の書店へと歩を進めてほしい。

　本書では紙幅の都合上、取り上げられなかったことがたくさんある。概念の詳しい説明や、テーマを深掘りするためのいくつかの論点、おもしろい論文や本の紹介等である。それらは、本書の「双子」の存在にあたる「オンラインでふれる社会学」（下記参照）に掲載しているのでそちらも合わせて参照していただきたい。

(http://www.hokuju.jp/fureru/shiryo.html)

ケイン樹里安・上原健太郎

Contents

ふれる社会学

はじめに

第1章　スマホにふれる（ケイン樹里安）……………………3

第1節　スマホ片手に何をする？ *(3)*

第2節　いま・ここ・なんとなく *(4)*

第3節　ふれさせられている？ *(5)*

第4節　生にふれる *(6)*

第5節　スマホで社会にふれる *(7)*

◆ 研究のコトハジメ：臓器としてのスマホ *(9)*

第2章　飯テロにふれる（菊池哲彦）………………………… 10

第1節　飯テロが浮かび上がらせる社会のかたち *(10)*

第2節　共食と孤食 *(11)*

第3節　飯テロと孤食 *(14)*

第4節　孤食の時代と飯テロが開く共同性 *(16)*

◆ 研究のコトハジメ：研究とセレンディピティ *(18)*

第3章　就活にふれる（上原健太郎）………………………… 19

第1章　「就活やねん」*(19)*

第2節　就活世界を形づくるモノ・人 *(20)*

第3節　自己の発見・演出・修正 *(21)*

第4節　就活世界をどのようにとらえるか *(22)*

第5節　就活世界を当然視する社会集団 *(24)*

◆ 研究のコトハジメ：疑問を誰かに話してみる *(27)*

第4章　労働にふれる（上原健太郎）………………………… 28

第1節　客に頭を下げる社会 *(28)*

第2節　サービス産業化社会 *(28)*

第3節　感情を管理する（29）

第4節　賃金による帳尻合わせ？（31）

第5節　やりがいの搾取（32）

第6節　労働にふれるとは？（34）

◆ 研究のコトハジメ：地域的な文脈に置きなおす（36）

第5章　観光にふれる（八木寛之）……………………………………… 37

第1節　「大阪」といえば……？（37）

第2節　「観光のまなざし」と社会（38）

第3節　「観光まちづくり」の興隆とそのジレンマ（40）

第4節　「ディープな大阪」という地域イメージをめぐって（42）

◆ 研究のコトハジメ：観光地のイメージを調べる（46）

第6章　スニーカーにふれる（有國明弘）……………………………… 47

第1節　コートの中からストリートへ（47）

第2節　「黒い」スパイダーマンとエア・ジョーダン（48）

第3節　スニーカーが反映するストリートの人々の価値観（50）

第4節　AJやラップは「黒人」だけのものなのか？（51）

第5節　スニーカーの「経路」から社会にふれてみる（54）

◆ 研究のコトハジメ：「ストリート」文化にふれるわたしたち、「経路」にふれようとしない社会（56）

第7章　よさこいにふれる（ケイン樹里安）………………………… 57

第1節　無我夢中（57）

第2節　学習する踊り子たち（58）

第3節　身体技法のルーツをたどる（59）

第4節　どこの／誰の文化？（60）

第5節　踊るための条件（61）

◆ 研究のコトハジメ：「愛」とよさこい（63）

vi　● 目　次

第8章　身体にふれる（喜多満里花）‥‥‥‥‥‥‥‥‥‥‥‥　65

第1節　身体について考える（65）

第2節　「理想」という規範（68）

第3節　抵抗の場としての身体（70）

第4節　わたしのまなざし（70）

◆ 研究のコトハジメ：「なりたい」を疑う（73）

第9章　レインボーにふれる（中村香住）‥‥‥‥‥‥‥‥‥‥‥　74

第1節　レインボー、「LGBT」、「ダイバーシティ」の普及？（74）

第2節　さまざまなセクシュアル・マイノリティ（75）

第3節　セクシュアル・マイノリティの運動の歴史（77）

第4節　フェミニズムの歴史（78）

第5節　「LGBTブーム」を超えて（80）

◆ 研究のコトハジメ：「メイドカフェ」というフィールドの発見（82）

第10章　「外国につながる子ども」にふれる（金南咲季）‥‥‥‥‥　83

第1節　「ともに投げ込まれている」（83）

第2節　学校に広がるエスノスケープ（84）

第3節　みえなくする / みえなくなる（85）

第4節　「コンタクト・ゾーン」としての学校の可能性（89）

第5節　異なる社会を想像する（92）

◆ 研究のコトハジメ：写真のみえ方が変わる（93）

第11章　「ハーフ」にふれる（ケイン樹里安）‥‥‥‥‥‥‥‥‥　95

第1節　「ハーフ」の顔（95）

第2節　ふりかかる帰属の政治と人種化（96）

第3節　技芸とアイデンティティ（98）

第4節　交差性を抱えて（100）

◆ 研究のコトハジメ：「ハーフ」の若者とナショナルな眼鏡（102）

第12章　差別感情にふれる（栢木清吾）……………………………… 103

　　第1節　看板の向こう側への想像力 *(103)*

　　第2節　反 - 反日感情が見ない現実 *(105)*

　　第3節　隠れた差別感情 *(107)*

　　第4節　自己感情の自己点検 *(109)*

　　◆ 研究のコトハジメ：他者のにおい、自分の偏り *(111)*

第13章　「障害」にふれる（佐々木洋子）……………………………… 112

　　第1節　ふ　れ　る？ *(112)*

　　第2節　障害とは何か *(113)*

　　第3節　障害のまわり：家族 *(115)*

　　第4節　「障害のまわり」について考えること *(117)*

　　◆ 研究のコトハジメ：病気の社会的側面 *(119)*

第14章　「魂」にふれる（稲津秀樹）……………………………………… 120

　　第1節　「魂」にふれる *(120)*

　　第2節　「魂」への気づき *(121)*

　　第3節　儀礼が可視化する「魂」 *(122)*

　　第4節　権力に晒される「魂」 *(123)*

　　第5節　社会構想における「魂」 *(125)*

　　◆ 研究のコトハジメ：出来事と問題意識 *(128)*

第15章　100年前の社会学にふれる（ケイン樹里安・上原健太郎）……… 129

　　第1節　社会から「自由」？：E.Durkheim *(130)*

　　第2節　社会を構成し、変えていく：M.Weber/G.Simmel *(131)*

　　第3節　社会と個人の循環 *(132)*

　　第4節　生き抜くために社会に「ふれる」 *(134)*

◆◇ コトハジメるコツ！

　　(1)　授業でノートをとる *(138)*

(2) フィールドノートをとる（*139*）

(3) ひとことにこだわる（*140*）

(4) 卒論へと筆をとる（*141*）

(5) 書店員さんのこだわりにふれる（*142*）

＊カテゴリーマップ＊

　各章の内容はゆるやかに結びついている。その結びつきを可視化したものが7つのカテゴリーマップだ。地図（マップ）の中に示された数字は章番号をあらわしている。これらを手がかりに、それぞれの章へと宝探しに旅立ってほしい。前から順番に読む時とは、ちがう景色が広がるはずだ。

ふれる
社会学

Tracing the Outline of Society

Chapter 1

スマホにふれる

(https://www.gizmodo.jp/2019/01/perfume-2018-countdown.html)

■第1節┃スマホ片手に何をする？

　授業が始まる前の大講義室。友人が突然トイレに行き、ポツンと1人、教室に取り残されてしまう。このような時、わたしたちはスマホの画面に目を落としてはいないだろうか。こうした人前で画面を眺める行為は「私は1人ぼっちではない」というメッセージを周囲に伝えるふるまいだという（中村 2009）。そういえば、苦手な人物と出会った時にもスマホを取り出しがちだ。この場合、スマホは「誰かとのやりとりに夢中だ」とアピールすることで、目の前の他者との会話を防ぐ盾となる。アーヴィング・ゴフマン（E. Goffman）は、このような他者の関与や知覚をさえぎるために活用される物体を関与シールドと呼んだ（Goffman1963＝1980）。ゴフマンによれば、人々は、舞台に立つ役者のように、状況に合わせて、自分の印象を管理したり（印象管理）、「友人らしさ」や「恋人らしさ」を演じ分けている（役割演技）という。考えてみれば現代を生きる私たちは、スマホ片手のパフォーマンスに明け暮れてばかりいないだろうか。

第2節 ┃ いま・ここ・なんとなく

　本章冒頭の写真は、2018年12月31日の横浜アリーナで行われた Perfume の
カウントダウン LIVE の模様を紹介する記事のものだ。5Gというあらたな通
信規格を用いて、1万2000人のファンが一斉にスマホ画面にふれ、観客席から
Perfume の3人と交流する場面があったという。

　実は、PerfumeのLIVEや楽曲はスマホやケータイと密接な関係にある。たと
えば、2010年には『575』という作品が発表された。この楽曲では「『あーヒマなう』
これってチャンス？ポチポチボタンをプッシュなう／目をつぶって返信を祈る
／君に届けこの気持ちを電波に乗せて」と、ガラケー（ガラパゴス・ケータイ）の「ボ
タンを押す」という身体感覚や、Twitter 由来の「〜なう」というリアルタイムな
コミュニケーションについて（ラップ部分以外は俳句と同じ五七五調で）歌われてい
た。なお、2011年に『JPN』という日本を想起させるアルバムに『575』を再収録し
た Perfume は、2019年から FUTURE POP と銘打ったワールドツアーへと向か
う。だが一方の日本発フィーチャーフォンは、あまりにも日本市場に特化した高
機能化のためにかえって海外市場に進出できず、ガラパゴス諸島で独自進化を
遂げた生物をもじってガラケーと皮肉っぽく呼ばれながら極東の島国で生き残
ることになった。冒頭で紹介した Perfume の LIVE では、生き残ったガラケー
を携帯するファンにスマホが貸し出されたそうだ（『日経新聞』2019.2.8）。

　さて、先ほどは『575』の歌詞を通じて、携帯端末と身体との触覚的な関係
性や「いつでも・どこでも」なされる現代的なコミュニケーションの姿を指摘
した。実は、こうした現代的かつ触覚的な関係性は移り変わってきたものだ。
少しふり返ってみよう。1987年に登場した約900gの携帯電話はしっかりと握
ることが必要だった。1985年に登場したショルダーフォンならば3kgの重量
のために肩に背負わねばならなかった。そして、さらにさかのぼって1979年当
時の自動車電話では、文字通り自動車に積むことが不可欠であった（富田編
2016）。さらに、1970年代は各家庭に固定電話が普及した時代であり、現代の
ように「いつでも・どこでも・なんとなく」恋人や友人に気持ちを伝えるとい
うわけにはいかず、家族の許しをえながらなんとか電話をする必要があった。

　そもそも、移動しながらリアルタイムで携帯端末を利用できる状況が現れる

には、電波を中継する無数の基地局が不動のインフラとして都市に配置されなければならない（田中編 2017）。さらに、ビジネス目的での利用が想定されていたポケットベルや街中の公衆電話を私的な「おしゃべり」のツールとして利用した1980年代から1990年代にかけての大勢の若者たちの実践の積み重ねがなければ、「いつでも・どこでも・なんとなく」誰かとコミュニケーションを取り続ける現代の状況は現れていなかったかもしれない（高野・加島・飯田編 2018）。技術を社会に埋め込んでいく、さまざまな状況や実践がそろわなければ、現代の「なんとなく」としかいいようのないコミュニケーションはありえなかったのかもしれないのだ。

■■ 第3節 ┃ ふれさせられている？

　通知音が鳴り画面が光れば、飛び起きて返事を打ち込む。ありがちな日常の一場面だが、まるで不眠不休でスマホに肉体労働を強いられているようだ。ジョナサン・クレーリー（J. Crary）はこうした人々の姿を「労働」を強いられた隷属状態だと呼んだ（Crary 2013＝2015）。なぜなら、労働時間ではない余暇時間に、せっせと文章や動画像をタダ働きで生産し、ソーシャルメディア上に投稿し、流通させ、結果的にソーシャルメディアを運営する企業各社に利益をもたらしているからだ。さらに、企業間で売買の対象となる「どのくらい画面を眺め続けたか」といったミクロな情報を含めた個人情報までをも無料で手渡してもいる。もてはやされる創造的なユーザーは実は勤勉に働く奴隷と限りなく近い、というわけだ。

　そもそも、スマホにふれるという行為自体、能動的であるようにみえて、実は受動的ともいえるかもしれない。たとえば、LINE には、相手のメッセージを見た時刻と既読マークが画面に表示されるしくみがある。このしくみによってわたしたちは「すぐに返事をしなければ失礼だ」と慌てて返事をすることになる。いや、返事をするよう促されているのだ。こうした、人々の意志やふるまいを方向づけるインターネットやソーシャルメディア上のしくみをアーキテクチャやプロトコルと呼ぶ（Lessig 2004＝2007, Galloway 2004＝2017）。スマホにふれてしまうのも、不眠不休で働かされてしまうのも、自分の意思ではなく、こうしたしくみに方向づけられているからかもしれない。

第3節　ふれさせられている？　5

第4節 ┃ 生（ライフ）にふれる

　Instagram や YouTube、Amazon を閲覧していると、次々におススメのユーザーや動画や商品が表示されないだろうか。これは、検索履歴や購買履歴に基づいて、ユーザーそれぞれの関心にフィットした情報を選別し（フィルタリング）提供する個人化（パーソナライゼーション）と呼ばれる機能である。自分好みの情報が集まるので便利で快適だともいえるが、ますますスマホに触り続ける状況に追い込まれているともいえる。しかも、自分好みの情報しかしだいに視聴できなくなる情報の泡、いわゆるフィルターバブルにいつの間にか閉じ込められている可能性もある（Pariser 2011=2016）。一度、フィルターバブルに閉じ込められてしまうと、偽情報や極端な意見が渦巻く泡のなかに自分がいても、その偏りに気づくことが難しい。なぜなら、フィルターバブルのなかでは、特定の意見だけが大きく響き渡り、同調圧力が働く音響室効果（エコーチャンバー）が現れやすいからだ。似たようなフィルターバブルのなかにいる人々のあいだで議論が過熱化・過激化し、サイバーカスケード（炎上）が起こることもある。もはや人々がテクノロジーを使っているのではなく、テクノロジーの手のひらの上で転がされているようだ。

　このような状況は、時に深刻な状況をもたらす。たとえば自然災害が起こった時に「外国人窃盗団が車で被災地を回り悪事を働いている」といった悪意に基づいた流言飛語（デマ）が SNS で拡散されているのを見たことはないだろうか。こうした偽情報を「なんとなく」拡散することは、被災者に必要な情報や物品が届かないといった生死に関わるリスクを高める危険な行為である。

　スマホが現れるずっと以前の1923年、関東大震災が起こった際には、「朝鮮人が井戸に毒を入れている」という噂話が拡散され、大勢の在日朝鮮人や在日朝鮮人に間違われた日本人や中国人が「普通の人々」によって虐殺された（加藤 2014）。現在の日本では、すでにフィルターバブル内で偽情報が拡散され、差別感情に基づいてオンライン上でも、街頭でも、特定の属性をもつマイノリティ（少数派・少数者）に対するヘイトスピーチ（憎悪表現）やヘイトクライム（憎悪犯罪）が発生している（梁 2016）。「普通の人々」の指先がスマホ画面に「なんとなく」ふれるたび、その指先は誰かの生命にふれているかもしれないのだ。

　一方、ジュディス・バトラー（J. Butler）は「『手のひらに乗る』メディア、

あるいは『高く掲げられた』携帯電話の重要性について考えなければならない」と肯定的に述べている（Butler 2015=2018:124）。バトラーによれば、人々はジェンダーやセクシュアリティ、経済的格差、障害、国籍の有無、宗教、人種などに左右され、それぞれに異なる不安定性（プレカリアス）を抱えた生活を余儀なくされているという。不安定性をもたらす社会の課題を世の中に発信するためには、人々の姿を可視化する携帯端末（モバイルメディア）を手に、街頭でアセンブリ（集会）を形成する必要があるという。たとえ一瞬であっても、ちがいを抱えたまま連帯＝団結（ソリダリティ）を形成する人々の姿が可視化されれば、より多くの人々に「他者たちと共に生きられる生」のあらたな可能性に気づかせることができるからだ。最低賃金1500円、待機児童問題解消、保育士の待遇改善、性暴力と性犯罪に対する司法判断への抗議、気候変動の危機など、日本社会内外のさまざまな諸問題を可視化するデモの現場で、人々はしばしばスマホを掲げている。そこで映し出された動画像や、SNSを流れゆく投稿の数々は、スマホを介して、よりベターな社会で生きる可能性にわたしたちの指先をふれさせているのではないだろうか。

■■ 第5節 ┃ スマホで社会にふれる

かつてマーシャル・マクルーハンは「メディアはメッセージ」という多義的な命題（テーゼ）によって、メディアが伝える意味内容（メッセージ）よりも、メディア自体が人々の感覚や関係性にいかに作用するのか、そして、メディアが社会に埋め込まれるなかで人々と社会との関係性はどのように変容するのか、といった論点こそが重要だと論じた（McLuhan 1964=1987）。スマホがある社会で、人々の感覚や関係性はどのように形成され、移り変わりつつあるのだろうか。

自分のスマホに内蔵された部品が実はグローバルに流通する紛争鉱物の塊であるかもしれないこと（『日経新聞』2018.4.24）。人々の情動や感情に働きかけるプロパガンダ（政治的宣伝活動）がモデル志望の若者のアカウントを介して駆け回っていること（『毎日新聞』2019.6.1）。スマホが放つ、聞かれるべきメッセージはまだ尽きない。

（ケイン　樹里安）

【読 書 案 内】

ダナ・ボイド，野中モモ訳，2014，『つながりっぱなしの日常を生きる──ソーシャルメディアが若者にもたらしたもの』草思社．：ゴフマンを引用しながら，SNS 上にも礼儀作法や行動規範はある，と指摘しながら若者の能動的なメディア実践を描く。人種の不平等性や公共性といった議論を織り交ぜているのも魅力。

岡本健・松井広志編，2018『ポスト情報メディア論』ナカニシヤ出版．：Media は Medium の複数形であり，媒介・媒体だけでなく霊媒といった意味をもつこと，といったメディア論の前提をおさえながら，ヒトやモノや場所の媒介性を問い返す論集。

【引 用 文 献】

Butler, Judith, 2015, *Notes Toward a Performative Theory of Assembly*, Harvard University Press. （佐藤嘉幸・清水知子訳，2018，『アセンブリ：行為遂行性・複数性・政治』青土社．）

Crary, Jonathan, 2013, *24／7 : Late Capitalism and the Ends of Sleep*, Verso.（岡田温司監訳／石谷治寛訳，2015，『24／7──眠らない社会』NTT 出版．）

Galloway, R., Alexander, 2004, *Protocol: How Control Exists after Decentralization*，Leonardo.（北野圭介訳，2017年，『プロトコル──脱中心化以降のコントロールはいかに作動するか』人文書院．）

Goffman, Erving, 1963, *Behavior in Public Places: Notes on the Social Organization of Gatherings*, New York: Free Press.（丸木恵裕・本名信行訳，1974，『集まりの構造：新しい日常行動論を求めて』誠信書房．）

────，1959, *The Presentation of Self in Everyday Life*, Doubleday & Company, Inc.（石黒毅訳，1974，『行為と演技──日常生活における自己呈示』，誠信書房．）

加藤直樹，2019，『TRICK トリック──「朝鮮人虐殺」をなかったことにしたい人たち』ころから．

高野光平・加島卓・飯田豊編，2018，『現代文化への社会学：90年代と『いま』を比較する』北樹出版．

Lawrence, Lessig, 2004, *Code: And Other Laws of Cyberspace, Version 2.0 Version 2.0*, Basic Books（山形浩生訳，2007，『CODE version2.0』翔泳社．）

McLuhan, Marshall, 1964, *Understanding Media: The Extensions of Man*, McGraw-Hill.（栗原裕・河本仲聖訳，1987，『メディア論──人間拡張の諸相』みすず書房．）

中村隆志，2009，「非言語コミュニケーションとしての『ケータイのディスプレイを見る』行為」『情報文化学会誌』16(1)55－61.

Pariser, Eli, 2011, *The Filter Bubble: What the Internet Is Hiding from You*, Penguin Press（井口耕二訳，2016，『フィルターバブル──インターネットが隠していること』ハヤカワ文庫 NF.）

田中大介編，2017，『ネットワークシティ──現代インフラの社会学』北樹出版．

富田英典，2016，『ポスト・モバイル社会──セカンドオフラインの時代へ』世界思想社．

梁英聖，2016，『日本型ヘイトスピーチとは何か──社会を破壊するレイシズムの登場』影書房．

研究のコトハジメ：臓器としてのスマホ

本章で紹介したマクルーハンの『メディア論——人間の拡張の諸相』は技術決定論の代表として有名だ。技術決定論とは「テクノロジーが社会を変える」という議論だ。最近目にするのは、AI（人工知能）が仕事を奪う、YouTubeが自由な職業をつくる、Instagramが流行を生み出す、VR（バーチャル・リアリティ、仮想現実）が現実と虚構の境目を変える、といったところだ。技術決定論は技術以外の社会変化の要因を見すごしてしまう傾向がある（佐藤 2010）。

『575』が流れるCMで知られたスマホ・isaiの後継機（isai LGL22は日韓合同で製造された。スマホにふれることは、グローバルなヒト・モノ・カネ・情報の絡まり合いにふれることでもある）

とはいえ、マクルーハンの『メディア論』はやっぱりおもしろい。彼によれば、メディアとは人間の感覚器官の拡張だという。たとえば、電話は耳と声の拡張であり、衣服は皮膚の拡張だ。拡張された身体器官としてのメディアが次々に日常に埋め込まれるなかで、人々の身体感覚や生活スタイルはしだいに変化してきたのではないか。そうしたメディアがもたらす人類や文明へのインパクトこそが、メディアが放つ重要な「メッセージ」なのだと彼は論じた。なんとなく、実感としてはわかる気もする。スマホがない世界を思い出すことも、想像することもできないのは、自分の身体感覚がジワジワと作りかえられてきたせいかもしれない。

兵器とは手・爪・歯が拡張したメディアだ、というマクルーハンのことばが脳裏にこびりついている。掴み、殴り、引っかき、噛みちぎることで、人々を暴力的に結びつける媒介（メディア）としての、兵器。広島と長崎を襲った原子爆弾が投下された後に、この島国は原子力発電の開発を進め、そして事故を起こした。スマホを充電する時、誰かの手・爪・歯とそれがもたらした傷痕に、知らず知らずふれているのではないか、とマクルーハンに問われている気がする。核燃料であれ、気候変動であれ、人間が生み出すテクノロジーが（人間を含む）生態系（エコ・システム）にもたらすリスクと向きあわざるをえない現代だからこそ、身体器官から議論を展開したマクルーハンの試みは、何度でもふり返られるべきなのではないか。現代的な問題を考える際に、魅惑的な古典にふれ、時に誘い込まれることも、研究のコトハジメとなるはずだ。　　（ケイン 樹里安）

Halbwacks, Maurice, 1950, *La mémoire collective*, P.U.F.（小関藤一郎訳、1989、『集合的記憶』行路社.）

佐藤俊樹、2010、『社会は情報化の夢を見る——〔新世紀版〕ノイマンの夢・近代の欲望』河出文庫.

Chapter 2

飯テロにふれる

■ 第1節 ║ 飯テロが浮かび上がらせる社会のかたち

　本章では飯テロから社会を考えていきたい。「飯テロ」とは、インターネットのソーシャル・ネットワーキング・サービス（以下、SNSと略記）における映像を介したコミュニケーションのひとつである。具体的には、食欲を刺激する食物の映像をSNSに投稿することで、とくに深夜の空腹時に投稿を目にした時の刺激の大きさから「テロ」という物騒な比喩で呼ばれている。

　飯テロから社会を考えるというと、店や周囲の客の都合も考えずにところ構わず写真を撮影・投稿してしまうマナーの視点から、あるいは、魅力的な食物の映像によって欲望を過剰に煽る消費社会論（フード・ポルノ）の視点から、批判的に論じられがちである。

　しかし、ここで試みるのはそれらの視点からの考察ではない。本章では、飯テロを、食文化と映像文化が交わるところで検討する。飯テロを、ただ批判的にとらえるのではなく、食文化における共食という文化人類学的視点とデジタル・メディア時代の映像コミュニケーションという映像文化論の視点から考察することを通し、それが浮かび上がらせている「社会のかたち」を示したい。

第2節 ┃ 共食と孤食

■ 1．共食が生み出す社会

　まず、食文化論を参照して食べることと社会とのかかわりを確認することから始めたい。文化人類学者の石毛直道は『食事の文明論』のなかで、「人間は共食する動物である」と論じている（石毛 [1982] 2016: 61）。チンパンジーには食物を分配する行為が観察されるが、それを通して集団で食べることはなく、普段は個体単体で食べるという。それに対して、人類は食物を分配しそれを集団で食べる。この共食集団のもっとも基本的な単位が家族である。集団同士のコミュニケーションが行われるようになると、共食集団の範囲は広がり、一種の共同性、すなわち社会が形成される（石毛 [1982] 2016: 58-61）。したがって、人間にとっての食事は、生命維持のための栄養摂取であるだけでない。人間は共食することでコミュニケーションを生み出し社会を形成する。

　『オックスフォード英語辞典（OED）』によれば、英語の "communication" には、17世紀に入ると "The Holy Communion"（聖餐式、聖体拝領）という意味の用例が現れる。聖餐式ないし聖体拝領はキリスト教の儀式で、参列した信徒たちがパンとワインというかたちをとったキリストの聖体を食し、それによってキリストおよび参列者相互の一致がもたらされる。この事実が示すように、コミュニケーションという語には共食やそれを介した共同性という意味がすでに含まれている。

■ 2．孤食が広がる社会

　人間の社会は共食に支えられている。しかし、現代の日本社会では、こうした状況が大きく変化しつつある。農林水産省の『平成29年度 食育白書』は、ひとりで食事をする「孤食」の傾向が強まっている実態を指摘している。

　1日すべての食事をひとりで食べる頻度を「ほとんど毎日」と回答した孤食の割合は2017年調査で11.0％であり、2011年調査の7.1％から上昇している（農林水産省 2018: 4）。孤食の感想（複数回答可）については、「一人で食べたくないが、食事の時間や場所が合わないため、仕方ない」が35.5％、「一人で食べたくないが、一緒に食べる人がいないため、仕方がない」が31.1％に上る（農林水産省 2018: 4）。

孤食傾向が強まっている背景として、単身世帯や夫婦のみ世帯、ひとり親世帯の増加という世帯構造の変化や、65歳以上のひとり暮らしの割合の増加が指摘されている（農林水産省 2018: 4）。また、複数の家族と同居しているとしても、勤務形態などライフスタイルの多様化によって家族と一緒に食事する機会が得にくくなっている状況も考えられる。

■3．孤食を受け容れる社会

　人間社会が共食に支えられているのならば、孤食が浸透することによって日本社会は崩壊に向かっているのだろうか。たしかに、日本社会においては孤食が進行し、不本意な孤食状態にある人々が増えている。しかし、孤食の実態を詳しく検討すると、そうとはいいきれない側面も見えてくる。

　『食育白書』における孤食の感想で、孤食が「気にならない」（「一人で食べることが都合がいいため」27.3％、「自分の時間を大切にしたいため」15.4％、「一緒に食べる習慣がないため」12.5％）と回答した人も少なくはない（農林水産省 2018: 4）。不本意ながら孤食状態にある人々が目立つ一方で、孤食を気にしない人々も一定数存在しているのだ。

　『食育白書』では省略されている性別・年齢別データを『食育に関する意識調査報告書』で確認しておこう。孤食の頻度については（図2-1）、「ほとんど

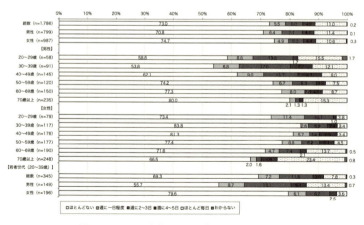

図2-1　一日の食事を一人で食べる頻度（性別／年齢別）
（『食育に関する意識調査報告書』（農林水産省　消費・安全局　2018: 49）より作成）

毎日」の人の割合は、男女とも70歳以上が高い。70歳以上と若い世代（20代・30代）との差をみてみると、女性（70歳以上23.4％、若い世代3.6％）で20ポイント近く開いているのに対し、男性（70歳以上15.3％、若い世代13.4％）ではほぼ2ポイントと差が小さくなる。若い世代では男性の方が孤食状態にあると考えられる。

　孤食の感想をみてみると（表2-1）、性・年齢によるばらつきが目立つが、「一緒に食べる人がいないため」不本意ながら孤食状態にある人の割合は70歳以上では男女とも40％台と高くなる。孤食が「気にならない」という回答は、「一緒に食べる習慣がないため」という理由を除くと、若い世代の方が高い。また、「一人で食べることが都合がいい」「自分の時間を大切にしたい」ため孤食が「気にならない」と回答した人の割合をみてみると、70歳以上と若い世代とのあいだの差（若い世代が約6〜19ポイント高い）に比して、若い世代の男女間の差（2ポイント台）は小さくなる。男女とも、70歳以上に比べると、若い世代の方が孤食を気にせず受け容れているようだ。

　こうした数字をみてみると、相対的に、孤食状態にありながら孤食が気にならない、「孤食を受け容れる」傾向を示しがちなのは20代・30代の若い男性だと考えられる。彼らにとって孤食とは、他者に気兼ねせずに自分の好きなように食事する機会なのである。

表2-1　一日の食事を一人で食べる感想（性別／年齢別）

		合計（人）	一人で食べたくないが、食事の時間や場所が合わないため、仕方ない（%）	一人で食べたくないが、一緒に食べる人がいないため、仕方ない（%）	一人で食べることが都合がいいため、気にならない（%）	自分の時間を大切にしたいため、気にならない（%）	一緒に食べる習慣がないため、気にならない（%）	食事中に作業をするため、気にならない（%）	その他（%）	わからない（%）
男性	20〜29歳	(23)	26.1	13.0	39.1	21.7	13.0	4.3	4.3	4.3
	30〜39歳	(42)	45.2	16.7	31.0	19.0	21.4	9.5	-	-
	40〜49歳	(55)	54.5	20.0	27.3	20.0	7.3	3.6	-	-
	50〜59歳	(31)	25.8	35.5	35.5	16.1	9.7	19.4	3.2	6.5
	60〜69歳	(34)	26.5	38.2	29.4	20.6	11.8	5.9	5.9	-
	70歳以上	(47)	27.7	46.8	14.9	14.9	-	6.4	-	-
	合計	(232)	36.6	28.9	28.0	16.4	12.9	6.5	3.0	1.3
女性	20〜29歳	(21)	52.4	9.5	38.1	23.8	9.5	4.8	-	-
	30〜39歳	(19)	47.4	21.1	31.6	10.5	15.8	5.3	-	5.3
	40〜49歳	(33)	54.5	18.2	30.3	24.2	3.0	9.1	-	-
	50〜59歳	(40)	57.5	7.5	32.5	12.5	20.0	5.0	5.0	-
	60〜69歳	(53)	22.6	50.9	20.8	13.2	9.4	3.8	3.8	1.9
	70歳以上	(81)	14.8	49.4	22.2	11.1	13.6	1.2	8.6	1.2
	合計	(247)	34.4	33.2	26.7	14.6	12.1	4.0	4.5	1.2
全体		(479)	35.5	31.1	27.3	15.4	12.5	5.2	3.8	1.3

注　複数回答　　　　　　　　『食育に関する意識調査報告書』（農林水産省　消費・安全局　2018: 51）より作成

第3節 ‖ 飯テロと孤食

■1．孤食を受け容れる層と飯テロ

　ここから、飯テロが展開しているインターネットの利用実態を検討してみたい。総務省の『情報通信白書』における2017年調査によれば、日本では13〜59歳までの広い世代が90％以上の高い水準でインターネットを利用している（総務省 2018: 156）。インターネット接続端末としてスマートフォンを使用しているのは、20代と30代で90％を超え、40代でも86.9％と高い水準にあるのに対し、パソコンを使用している割合は各年代でスマートフォンのそれよりも20％前後低くなる（総務省 2018: 157）。SNSの利用割合は20代がもっとも高く74.4％、次いで30代が72.4％、そこから年代が上がるほど10％ほど低下していく（総務省 2018: 158）。

　こうしたデータをふまえると、20代・30代の若者がスマートフォンでSNSを利用する傾向が相対的に強いというインターネット利用実態が浮かび上がる。孤食を受け容れる傾向が見られた若い男性層が、スマートフォンでSNSを利用する傾向が強い若いユーザー層と重なっている。だとすると、孤食を受け容れている層が飯テロに関わっている可能性は高い。

■2．飯テロという映像コミュニケーション

　インターネットの利用実態から浮かび上がってくる飯テロの一般的イメージは、若い男性たちがスマートフォンの画面をひとりで見つめ、SNSのタイムラインに流れてくる食物映像に空腹を刺激される、というものだろう。では、そのコミュニケーションはどのようなものだろうか。

　Twitterにおいて「＃飯テロ」の検索結果でリストアップされる投稿を中心に観察してみた。企業、店舗、著名人の公式アカウントや多くのフォロワーを抱えた影響力の強い個人ユーザーの飯テロ投稿を別にすると、個人アカウントの投稿で大量のいいねやリツイート、コメントがついているものは意外に少ない。また、投稿する側も、自身のフォロワーしか目にしていない可能性は自覚しつつも、不特定多数に向けての投稿であるかのような体裁をとることが多いようだ。メッセージのない食物映像のみの投稿も少なくない。こうした実態を

ふまえると、投稿する側にとっての飯テロ投稿は、メッセージの伝達よりも、投稿することそれ自体を目的としたコミュニケーションであるように見える。

投稿を目にする方も、いいねやリツイート、コメントの少なさに表れていたように、反応を目に見えるかたちで示している印象は薄い。反応を表している場合にも、空腹を刺激されて本気で感情を露わにするというよりも、予定調和的に怒ったり喜んだりしているように見える。そのような点からも、飯テロは内輪に向けたコミュニケーションのためのコミュニケーションだと考えられる。

角田隆一は、SNSにおける映像コミュニケーションの特徴として、他者との関係の「拡散」と「内閉」という相反する傾向が表れていることを指摘した（角田 2016: 106-110）。彼は、近代社会における「再帰性」の徹底によって、矛盾する傾向が併存しているこの状況が生じたと考えている（角田 2016: 109）。「再帰性」とは、自己と他者との関係を、選択の余地なく与えられたものとして受け容れるのではなく、関係の選択を常にふり返って（再帰的に）検討し、関係のあり方をその都度改善するとともに、あらゆる可能性へと開いていく態度である。絶え間ないふり返りは、自己と他者との関係を開かれた不安定なものにする（拡散する）と同時に、常に確認しあうことでそれを維持する（内閉する）。不特定多数に向けて発信（拡散）されつつも内輪ノリ（内閉）的な側面をもつ飯テロも、SNSに典型的な映像コミュニケーションととらえられる。

■3．おいしさのシェアとしての飯テロ

「開かれた関係可能性」を志向する映像コミュニケーションとしての飯テロは、特定の関係の維持のためだけにではなく、選択可能な関係性を維持しつつ不特定多数に向けて開いておくために展開している。それでは、飯テロは何を媒介にして自己と他者との関係可能性を維持しつつ開いていくのか。

人間は食物を分配し共食することで社会を成立させる。つまり、食物を媒介にして社会という共同体的関係を生み出している。飯テロがシェアするのは、食物そのものではなく「おいしそうな食物の映像」である。つまり、飯テロとは、食事をともにすることなく、おいしそうな食物の映像をシェアすることで、その映像を媒介にして選択しうる関係可能性を不特定多数の人々へと拡大しながら、他者との関係を維持する映像コミュニケーションなのである。

第3節　飯テロと孤食　　15

第4節 ┃ 孤食の時代と飯テロが開く共同性

　人類学者の澤田昌人は、異なる集団同士が食物を分配しともに食べることでお互いを同一集団のメンバーと錯覚してきた可能性を指摘し、人類はこの錯覚を通して暴力的手段に訴えずに社会の規模を拡大してきたと論じる。共食は、平和のうちに共同性を生み出す「幻想」なのである（澤田 2015: 21）。

　飯テロがシェアするのは、食物そのものではなく食物の「おいしそうなイメージ」であるが、食物の映像という具体的イメージを媒介にしているからこそ、その行為は「食物そのもののシェア」を連想させる。共食が共同性を錯覚させる幻想であるならば、飯テロは「幻想としての共食」を錯覚させる幻想、いわば「二重の幻想」である。食物の映像をシェアする飯テロは、平和のうちに共同性を幻想させる共食を幻想させるからこそ、「テロ」という暴力と結びついた呼称にもかかわらず、ひとりで食事しながらも不特定多数との関係可能性を平穏に生きることができるのである。

　しかし、飯テロが幻想させるのは、共食が幻想させる共同性と同じではない。飯テロという映像コミュニケーションは、関係可能性を拡散させていくだけでなく、関係の絶え間ない確認によってそれを維持してもいた。つまり、共食の幻想としての飯テロがもたらすのは、安定した関係としての共同性ではなく、再帰的な確認によって常に改善される「開かれた関係可能性」という、「可能性としてある共同性」なのである。特定の共同性に縛られることなく、ひとりでありながら可能性としてある共同性を生きることができるからこそ、飯テロというSNS的コミュニケーションは、他者に気兼ねせずに好きなように食事したいという「孤食を受け容れる層」の欲求と親和性が高いのだ。

　ひとりでいることを求めて他者との強い関係を回避する一方で、他者との関係可能性を開いていこうとするふるまいは、一見すると矛盾しており、非常にやっかいな印象を受ける。しかし、それは、少子高齢化、晩婚化・非婚化、ライフスタイルの多様化といったさまざまな背景で孤独化の進行が不可避である現代社会においては、孤独を引き受けつつ社会を形成していくための理にかなったふるまいでありうる。孤独化は深刻な問題であるが、この進行を食い止めるのは現実的に困難である。だとすれば、孤独化が進行する時代に必要なのは、

むしろ、孤独化のなかでうまく生きていく方法を考えることだろう。孤食のなかで「可能性としてある共同性」を浮上させる飯テロはそのヒントを指し示しているように見える。

　食物を分配し共食することはそれが幻想として機能して「社会の共同性」を生み出した。食物の映像を不特定多数に向けてシェアする飯テロも幻想として機能し、「関係可能性という共同性へと開かれた社会」を浮かび上がらせている。飯テロが浮かび上がらせているこの「社会のかたち」は、孤食が浸透する時代における社会のありようのひとつなのである。　　　　　　　　（菊池　哲彦）

【読 書 案 内】

石毛直道, [1982] 2016,『食事の文明論』中公文庫 .：人類学的な視点から日本の食文化を論じた名著。初版は1982年の刊行だが、本書が注目する食をめぐるさまざまな論点は現代の問題にも通じており古さを感じさせない。

長谷正人（編）, 2016,『映像文化の社会学』有斐閣 .：映像文化を多様な視点からとらえた初学者向け論集。現代の映像コミュニケーションについては、本章でも言及した、第6章「コミュニケーションをつくる映像文化」が参考になる。

南後由和, 2018,『ひとり空間の都市論』ちくま新書 .：現代社会における孤独の問題を都市論として論じた書物。孤独が進行する社会におけるあらたな関係可能性として現代日本の都市に溢れる「ひとり空間」をとらえる。

【引 用 文 献】

石毛直道, [1982] 2016,『食事の文明論』中公文庫 .

農林水産省, 2018,『平成29年度 食育白書』（http://www.maff.go.jp/j/syokuiku/wpaper/h29_index.html, 2018.12.2）.

農林水産省 消費・安全局, 2018,『食育に関する意識調査報告書』（http://www.maff.go.jp/j/syokuiku/ishiki/h30/pdf_index.html, 2018.12.2）.

澤田昌人, 2015,「共食の平和力」『vesta』, 100, 2015年秋号, 味の素食の文化センター: 18-21.

総務省, 2018,『平成30年版 情報通信白書』（http://www.soumu.go.jp/johotsusintokei/whitepaper/h30.html, 2018.12.4）.

角田隆一, 2016,「コミュニケーションをつくる映像文化」長谷正人編『映像文化の社会学』有斐閣, 99-117.

── 研究のコトハジメ：研究とセレンディピティ ──

　偶然がきっかけで問題が解決したり、あらたな価値が生まれたりすることを「セレンディピティ」と呼ぶ。本章はセレンディピティの賜物である。

　本章で飯テロについて執筆することになったきっかけは2017年7月に遡る。当時、のちに本書の編者のおひとりとなるケインさんとSNS上で「ラーメンやカレーといったグローバル化とローカライズを経た料理は排外主義への抵抗や共生のメディアになるのではないか」というやりとりをした。ケインさんは、このやりとりを憶えていらして、本書の企画段階で「飯テロで書きませんか」とお声がけくださったのだ。この着想は、SNSでのケインさんとのやりとりの段階では、直感的な思いつきの域を出なかったが、現代社会の問題として論じるイメージはもてたので、よろこんで執筆を引き受けさせていただいた。

　しかし、実際に研究テーマとして取り組んでみると、これが予想以上に難しい。まず、「飯テロ」というテーマが新しい。研究の常道としてまず先行研究にあたるのだが、文献データベースで「飯テロ」を検索すると結果はやはり「0件」。この結果は想定の範囲内でもあったので、さしあたり映像文化論や食文化論を中心に文献にあたっていった。しかし、飯テロを論じるための具体的な切り口はなかなか見つけられなかった。

　文献を探すなかで、食文化誌『vesta』の「共食」特集号（100号，2015年秋号）を偶然見つけた。「共食」というキーワードに気づいてから、「共食は共生につながる」「飯テロはバーチュアルな共食では」というように、これまでの情報やアイデア同士がつながり始め、孤食の問題にもたどりついた。共食と孤食を切り口にして飯テロにアプローチする。これは行けそうだと思った。当初の出発点にあった排外主義への抵抗や共生とは少しずれてしまうが、飯テロを「バーチュアルな共食」ととらえれば、孤独だけでなく分断が進行する時代の共生の可能性でもありうる。そこからあらためて情報を集めたりアイデアを整理して執筆を開始し、完成したのが本章である。

　本章を執筆するきっかけになったケインさんとのやりとりも偶然であるし、「共食」「孤食」という本章の切り口にたどりついたのも偶然である。しかし、ただ待っているだけではセレンディピティは生まれない。本章完成までの経緯からもわかるよう、自分から知ろうとし、自分で考えている時にセレンディピティは訪れるのだ。研究のアイデアは、親鳥が運んでくる餌を巣のなかで待つ雛鳥のように、ただ口を開けて鳴いているだけでは得られない。だからこそ、研究のためには、まず自分からアクションを起こすことが大事なのである。

（菊池　哲彦）

Chapter 3

就活にふれる

(https://www.pitapa.com/Shukatsulife/#gp02 　最終確認日2019年3月5日)

■ 第1節 ┃「就活やねん」

　研究室に入ってきた学生と目が合ったその瞬間、学生はわたしに向かって一言、「就活やねん」とつぶやいた（就職活動のことを以下、「就活」）。唐突に述べられたそのことばの意味をうまく飲み込めずにいたが、その疑問はすぐに氷解した。つい先日まで色鮮やかだった髪が、黒に染められ、いつもの長髪も一つにまとめられている。ああ、そういうことか、と納得したわたしは、相づちをうちながら再びパソコンに向かった。

　こうしたコミュニケーションが成り立つ社会をわれわれは生きている。オセロ盤がいっせいに黒にひっくり返されていくように、就活は、大学生たちの日常を「黒一色」に染めあげていく。大学生の髪、服装、鞄、靴がものの見事に黒一辺倒になっていく様は、現代社会のひとつの風物詩だろう。それでは、大学生たちの日常をこうも一変させてしまう社会的な力やしくみとはいったい何か。これが本章で考えたいことである。

第2節 ┃ 就活世界を形づくるモノ・人

　昨今、国が推奨するキャリア教育が多くの大学で実施されている。キャリア教育を大学教育にいかに導入し、運用していくのかは大学により異なるが、キャリア教育そのものが、大学生に就活を意識づけるものとして機能している。学生たちは、キャリア教育をつうじて、働くことの意味、業界や職業の種類、労働法に関する基礎知識や会社のしくみ、インターンシップの意義、履歴書の書き方や自己分析、面接対策等について段階的に学習し、就活（そして卒業後の職業生活）を意識していく。見方を変えると、キャリア教育を通じて大学生たちは就活を突きつけられるのである。

> 　一年生からキャリア教育がはじまり、二年生、三年生と段階的に就活の準備が進み、ほとんど四年間を通じてまるまる就活のプレッシャーにさらされながら大学生活を営むことは、精神的にタフな経験であるともいえる（渡邊 2013：213）。

　このように、大学生活全体が就活に覆われる状態を「全身就活」という（大内・竹信 2013）。キャリア教育以外にも、学生の「全身就活」を形づくるモノたちは日常に溢れている。冒頭の写真は、関西の私鉄京阪電車の車内広告である。「就活 Life」という文言が中央に位置し、黒のリクルートスーツを身にまとった、いわゆる典型的な就活生の 2 人が写っている。この広告のねらいは、会社訪問等で電車移動を頻繁にくり返す就活生に対し、PiTaPa カードという交通系 IC カードの利便性を伝えることである。京阪電車のホームページにアクセスすると、「就活 Life」という特設サイトが存在することに気づく。そこには、車内広告に写っていたあの就活生のふたりが互いに励ましあいながら、「就活の失敗」を乗り越えていく様子が描かれている。

　大学生の就活を取り巻く「独特の世界」を、ここでは「就活世界」と呼ぼう。世界ということばを使うのは、就活にふれる以前と以後で、学生が置かれた環境が一変するからである。就活世界を形づくるモノとして、たとえば、学内に掲示された合同企業説明会やインターンシップに関するチラシがあげられる。また、リクルートスーツのテレビ CM、衣料品店が販売する就活生限定の「お

得な就活グッズ」も就活世界に彩りを与えている。書店の一角に陳列された就活関連の雑誌や、就職サイトから頻繁に送られてくる就活メールもそうだろう。図3−1は、ある学生がわたしに見せてくれたメールの一部である。企業情報の閲覧履歴に基づいて、「おすすめの企業」の情報が学生自身の興味関心を先回りするかたちで頻繁に送られてくる（第1章を参照）。

さらに学生の「身近にいる人々」もまた、就活世界を形づくる。たとえば、大学のキャリア関連部署の職員やセミナー教員は、学生に対し、就活に向けた準備を進めるように促し、就活の進捗状況を確認する。親も、子の「卒業後のこと」についていろいろと意見を述べてくるだろう。クラブやサークル、バイト先の先

図3−1　学生に届いたメール

輩が就活に取り組む姿は、「いつもの先輩」とは異なる姿を後輩に披露し、その姿はロールモデルとなり、いずれ後輩のみなさんも同様の姿と方法で就活を始めることになるのだ、というメッセージとなる。

第3節　自己の発見・演出・修正

就活世界にふれた学生は、具体的にどのような就活スケジュールを送ることになるのか。おおまかな流れだけを示すならば、インターンシップ→自己分析→業界研究／企業研究→各種説明会→エントリーシートの提出→筆記試験→数回にわたる面接試験→内定の獲得となるだろう。とりわけ自己分析は、自己の内面性を重視する「社会の心理主義化」の影響や、1990年代以降に生じた新規大卒採用市場の変化を背景に、その重要性が高まりつつある。

自己分析という営みは、学生に対し2つの自己像を要求する（牧野 2012：113-127）。1つが「自己の本質の発見・最大化」である。過去のふり返り・現在の分析をつうじて「本当の自分」を発見し、未来の想像をつうじて「夢」「やりたいこと」を最大化する作業である。2つ目が「他者の反応を予期したその客観化・調整（演出・表現）」である。それは、導き出された「本当の自分」の「輝き」を最大限にアピールできるように演出し、絶えずその演出のしかたを修正・改善し続けていくことである。ちなみにここでいう他者とは「採用側」の人事担当者を指す。

　一方で、自己分析は、学生に対して自己のあり方を強いるという意味で、非常に強制的なものである（牧野 2012：112）。それゆえ、自己分析をつうじて「やりたいこと」をむりやりひねり出したり、「たいしたものではない自分」を「たいしたもののように」語ったりしなければならない経験はかなりの苦痛を伴うし、不合格通知が届くたびにみずからが否定された気持ちになる（双木 2015）。就活から引き起こされる「就活ウツ」等の問題は（『神戸新聞NEXT』2018.6.14）、自己のあり方を強いる就活の性格と無縁ではないはずだ。

■ 第4節 ┃ 就活世界をどのようにとらえるか

　さまざまなモノや人によって形づくられた、就活を取り巻く独特の世界を、本章では就活世界と呼んだ。この独特の世界は、学生に半ば強制的なかたちで迫り、徐々にその圧力を強めていく。就活世界にふれた学生は、内定を獲得するまで（あるいは自身が納得するまで／諦めるまで）の期間、自己と向きあい、自己を演出し続けていかなければならない。では、本章の問いでもある、こうした状況を成り立たせる社会的な力やしくみについて、社会学的な視点からどのような説明が可能だろうか。

　まず、就活世界という「独特の世界」についてである。くり返し述べているように、学生に迫りくるものとして就活世界はこの日本社会に存在する。デュルケーム（E. Durkheim）は、個人の行為の総和では説明できない、人々の意識の外部にあり、人々の行為を拘束するものを**社会的事実**と呼んだ（Durkheim 1895＝1978）（第15章を参照）。本章で検討してきたように、就活世界もまた、学生

22　● 第3章　就活にふれる

一人ひとりの希望や要求のいかんを問わず、入学したばかりの学生の行為さえ拘束するものとして存在した。その意味で、就活世界は社会的事実であり、学生たちの日常を一変させてしまう社会的な力そのものである。

　社会的事実としての就活世界は、さまざまなモノや人によって形づくられていた。キャリア教育、電車の広告、大学構内の掲示物、テレビCM、衣料品店の就活グッズ、雑誌、メール、大学の教職員、親、先輩・友人等である。モノにふれたり、他者とのコミュニケーションを経験したりすることをつうじて、学生自身、いずれ就活に取り組まなければいけないことを少しずつ学習し、就活世界の「当たり前」を徐々に受け入れていくようになる。このような過程は「社会化」という概念でとらえることができる。社会化とは「個人が他者との相互行為を通じて、諸資質を獲得し、その社会（集団）に適合的な行動のパターンを発達させる過程、つまり、人間形成の社会的な過程（socialization）」（濱嶋・竹内・石川編2005：246-247）を指す。要するに学生たちは、就活世界に身を置き、さまざまなモノや人との相互作用を通じて、就活世界に適合的な行動パターンを身につけていくのである。

　それでは、自己分析という営みにおいて「本当の自分」を発見し、演出し、必要に応じてその姿を調整し続けなければならない状況はどうだろうか。ゴフマン（E. Goffman）は、他者との対面的な状況において人々が自己を呈示する作法を自己呈示と名づけた（Goffman 1959=1974）。とりわけ、他者に与える印象を少しでも「より良いもの」にしようとする行為を印象操作と呼ぶ。就活における自己の演出は、ゴフマンのいう自己呈示そのものであり、学生自身、採用側に対して自己の「輝き」を最大限にアピールするべく、印象操作に奔走することになる。しかも、自己の「輝き」に磨きをかけるべく、常に自己反省をくり返しながら、より良き自己像を探し求めていくのである。自己のあり方を観察・反省し、あらたな自己を構成し続けていく営みを、社会学では自己の再帰的プロジェクト（Giddens 1991=2005）と呼ぶ。就活における自己の発見・演出・調整の営みは、自己の再帰的プロジェクトそのものだろう（牧野 2012：125）。

　ほかにも、社会学の視点から就活をとらえる上で、ミルズ（W. Mills）が唱えた文化装置という概念も参考になる。文化装置とは「人びとがそれを通じて見る人類のレンズ」（Mills 1963=1971：323）である。ここではメガネのレンズを思

い浮かべてほしい。ミルズは、学校、新聞、図書館、雑誌、ラジオ局等をレンズとしてとらえているが、それらが発信する情報をつうじて人々は社会を認識する、言いかえれば、学校といったレンズをつうじて、みずからの日常や経験を解釈するのである。学生にとって、就活世界を形づくるモノたち——キャリア教育、電車内の広告、テレビCM、衣料品専門店の就活グッズ、雑誌、メール等——もまた、ある種のレンズだろう。それらを通して、学生たちは「迫りくる就活世界」を半ば「当然のこと」として解釈するようになるのである。おもしろいのはミルズが、レンズの役割を担う人々にも注目している点だ。その人々をミルズは文化的職業従事者と呼ぶ。文化的職業従事者の意味をあえて現代的な文脈に押し広げれば、本章でいう就活世界を形づくる人たち——キャリア教育を推奨する国家官僚、電車内の広告製作者、テレビCM製作者、衣料品店の販売員、雑誌製作者、大学の教職員、親、クラブの先輩等——もまた、レンズの役割を担うある種の文化的職業従事者であるといえよう。むろん、就活に取り組むみずからの存在もまた、他者にとっては文化的職業従事者の役割を担っていることはいうまでもない。

■ 第5節 ┃ 就活世界を当然視する社会集団

このように、人々は、所属する社会集団の影響を受けながら社会のルールや価値を学習し、その社会に適した行動パターンを身につけ、ものの見方を獲得していく。とするならば、当然ながら所属する集団が異なれば、学習するルールや価値、ものの見方も変わってくる。ここが社会学のおもしろいところである。マートン（R. Merton）は、個人の価値観や態度、行動様式に影響を与える集団を準拠集団と呼んだ（Merton 1957=1961）。社会状況、ジェンダー、生育環境等といった構造的な条件が、個人の進路選択の幅や内実に影響することはくり返し主張されてきた（松岡 2019；難波 2014ほか）。第10章でも、不就学状態にある外国人の子どもの存在が指摘されている。このことをマートン流に解釈すると、歴史・社会・経済的状況等を異にする社会集団に所属することで、人々の進路選択にも違いが出てくる、ということになる。

就活世界も同様だ。仮に、迫りくる就活に対して、違和感の有無にかかわら

ず、「当然のこと」として解釈している自分に気づくのであれば、それはあなた自身が就活世界を当然とする社会集団に所属し、そこでのルールや価値を学習した結果だといえる。それではこの当たり前は、ほかの社会集団にも通用するのか。冒頭の話に戻せば、ある時期を境に、大学生たちの日常を「黒一色」に染めあげていく社会のあり方は、ほかの年代や地域社会にもみられるのだろうか。突如として発せられた「就活やねん」ということばの意味を、「黒髪にしたこと」をもってして了解できる社会はほかに存在するのか。そのコミュニケーションが成立しないならば、それはなぜか。そこにはどんな要因が影響しているのか。こうした思考をめぐらせることでようやく、みずからが所属する社会のしくみが浮き彫りとなる。と同時に、別様の社会のあり方やその可能性について議論を始めることができるのである。

わたしたちが所属する社会には「就活ウツ」の問題が横たわっている。それでは「就活ウツ」を生み出さない社会とはどのような社会か。それはいかにして可能か。社会はわたしたちの行為を拘束する一方で、その社会のあり方は、わたしたちの日々のふるまいや考え方に支えられてもいる（第15章を参照）。したがって、「就活ウツ」を生み出さない社会を築いていくために必要なことは、わたしたちの日々のふるまいや考え方をまずは見直し、変えていくことなのかもしれない。

（上原　健太郎）

【読 書 案 内】

『現代思想　特集 就活のリアル』青土社, 2013, 41 (5). ：大学生の就活の現状や課題について網羅的に学習することができる。とくに巻末の「『就活』を考えるブックガイド」では、就活関連の図書47冊が丁寧に紹介されており、ブックガイドを読むだけでも就活の歴史や現状について知ることができる。

双木あかり, 2015,『どうして就職活動はつらいのか』大月書店 .：就活に疑問や違和感を抱いた方は、ぜひ一度この本を手にとってほしい。本書は、学生時代に就活に疑問を感じた著者が、就活をテーマに卒業論文を執筆し、それを書籍化したものである。平易な文章で読みやすく、就活生当事者としてのリアリティがひしひしと伝わってくる。

【引 用 文 献】

Durkheim, Emile, 1895, *Les regles de la method socialique*, Paris: F. Alcan.（宮島喬訳，1978，『社会学的方法の規準』岩波書店.）

Giddens, Anthony, 1991, *Modernity and Self-Identity: Self and society in the Late Modern Age*, Stanford, Calif: Stanford University Press.（秋吉美都・安藤太郎・筒井淳也訳，2005，『モダニティと自己アイデンティティ——後期近代における自己と社会』ハーベスト社.）

Goffman, Erving, 1959, *The Presentation of Self in Everyday Life*, Doubleday & Company, Inc.（石黒毅訳，1974，『行為と演技——日常生活における自己呈示』誠信書房.）

濱嶋朗・竹内郁郎・石川晃弘編，2005，『新版増補版 社会学小辞典』有斐閣.

牧野智和，2012，『自己啓発の時代——「自己」の文化社会学的探究』勁草書房.

松岡亮二，2019，『教育格差——階層・地域・学歴』筑摩書房.

Merton, Robert, 1957, *Social Theory and Social Structure*, New York : The Free Press.（森東吾・森好夫・金沢実・中島竜太郎訳，1961，『社会理論と社会構造』みすず書房.）

Mills, Wright, 1963, *Power, Politics, and People*, I. L. Horowitz ed., Oxford University Press.（青井和夫・本間康平監訳，1971，『権力・政治・民衆』みすず書房.）

双木あかり，2015，『どうして就職活動はつらいのか』大月書店.

難波功士，2014，『「就活」の社会史——大学は出たけれど・・・』祥伝社.

大内裕和・竹信三恵子，2013，「『全身就活』から脱するために」『現代思想』青土社，41（5）：38-67.

渡邊太，2013，「就活からの脱落——異なる教育実践のために」『現代思想』青土社，41（5）：210-223.

研究のコトハジメ：疑問を誰かに話してみる

　日常のなかで浮かんだ素朴な疑問は、たいてい、時間の経過とともに消え去っていく。ましてや、その疑問がたとえば論文や本といったひとつの成果物になることは稀だろう。

　大学生活後半のこの時期に、なぜ、就活を始めなければならないのか。このルールはいつ、どこで、誰が決めたのか。就職活動とは要は「職業に就くための営み」なのだから「卒業してから探す」でもいいはずだ。「４月１日から社会人」といった常識が存在することはもちろん肌感覚では理解していたし、「新卒」が就職で有利であることも知識としては知っていた。でもたとえば「６月から社会人」という選択肢があってもいいはずなのに、どうしてこのタイミングなのだろう。

　大学時代のこうした疑問を胸に秘め、わたしは大学院に進学した。院生生活は、言ってしまえば、疑問に思うことや調べたことを発表する、コメントをもらう、さらに調べて発表する──このくり返しだ。この過程で、わたしの疑問には「いろんな情報」が少しずつ追加され、論文として形を成すに至った。大学生のうちに就活を始めなければいけないといった「常識」が、じつはさまざまな歴史的変遷を経て日本社会に定着したこと、そもそもどの社会集団に所属するかによって「大人になっていく」過程が異なることも徐々にわかってきた（本章の準拠集団の話）。それこそ、研究者集団というアカデミックな集団に所属することで、わたしの素朴な疑問は揉まれ、鍛えられ、形を成し、消え去ることなく現在も生き続けているのである。

　読者の皆さんが取りかかろうとしている卒業論文や課題レポートも、素朴な疑問を手がかりに、テーマを決め、調べていくという意味では同じ営みだと思う。そして素朴な疑問を形にするのはやはり難しいことだと思う。どうやって進めていけばいいのか。このテーマのどこが面白くて、どこを修正したらいいのか。どんな本を読んだらいいのか。そもそもわたしは何を調べようとしているのか。

　そんな時は思い切って、その疑問、悩み、考えを誰かに話してみるのがいいかもしれない。あなたの素朴な疑問に「有益な情報」を追加してくれるはずだ。少なくとも誰かに話すことで、みずからの疑問や錯綜した情報を整理することにもなる。みずからの疑問を胸に秘め、自問自答をくり返しているかぎりは、素朴な疑問は素朴なままだ。研究は前に進まない。むしろ、「前に進まないけどどうしたらいいと思う？」と周囲に話すことで物事が前に進むことが往々にしてある。そしてこのことは、そのままブーメランとしてわたしに返ってくるので非常に耳が痛い話でもある。

（上原　健太郎）

Chapter 4

労働にふれる

第1節 客に頭を下げる社会

　空腹のあまり、飲食店に入った。無事に注文を終え、届いた食事に舌鼓をうっていると突然、店内に響く怒号。目をやると、客が店員を怒鳴りつけている。興ざめもいいところ。せっかくのおいしい食事と時間が台無しである。いくらなんでもそこまで怒鳴りつけなくてもいいだろう。と同時に、なぜそこまで謝り続けなければいけないのかとも思う。もう十分謝ったではないか。あの店員は頭を下げているあいだ、なにを思っていたのだろう。

　激怒する客に対し、頭を下げ続けなければならない現代社会のありようとはいかなるものか。サービス産業が発達した社会は、労働者に対し、どのような働き方を求めているのか。そこにはどのような問題が潜んでいるのか。本章ではこうした問いに対し、いくつかの社会学的概念を参照しながら検討する。

第2節 サービス産業化社会

　飲食店の店員は客に食事を作り、提供する。客はお金を払い、それを消費する。そのお金は日々の労働によって得られる。このように、わたしたちの社会生活は労働・生産・消費の循環によって成り立っている（栗田 2016）。

図4-1は、戦後日本における産業分類別の就業比率を示したものである。ここからは、第1次から第2次・第3次産業へと移行していく「産業化」の過程が読み取れる。産業構造の中心が第3次産業に移行し、そのなかでもサービス業の従業員が増加し、経済活動が拡大する状況をサービス産業化という（富永 1998）。その意味で、現代社会は、多くの人がなんらかの「サービス」に関わる仕事に就いている社会、いわゆる「サービス産業化社会」である（栗田 2016）。ジェンダーによる違いも大きく、第3次産業の就業比率は男性よりも女性の方が高い（図4-2）。2015年のデータを参照すると、看護師や介護士等の「医療・福祉」分野でその違いは顕著である（女性20.6％・男性5.1％）。

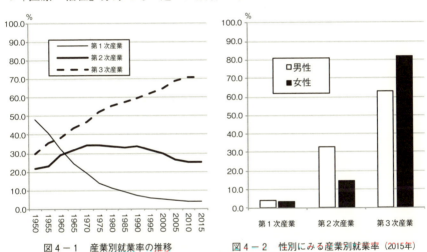

図4-1　産業別就業率の推移　　　　図4-2　性別にみる産業別就業率（2015年）

（注：2002（平成14）年3月に産業分類の方法が大幅に変更されている。2000年以前と2005年以降を単純に比較できないことに注意が必要である。）（出典：「国勢調査」各年）

■第3節 ‖ 感情を管理する

　多くの人が「サービス」に関わる仕事に就いていることを確認した。では、こうしたサービス産業化社会ではどのような働き方が求められるのか。ここでは「お客様は神様です」というフレーズから考えてみよう。演歌歌手・三波春夫が遺したその名言が、本人の意図とは別のかたちで社会に受容されたことは有名だ。三波の長女・美夕紀氏によれば、もともとこのフレーズは、お客様を

神様のように見立て、雑念を払って歌うという舞台人としての強いプロ意識を表すものであった。しかしいつの日か、サービスの生産－消費の主導権をあたかも消費者が握るかのような物言いとして、社会のなかで独り歩きを始めてしまった。美夕紀氏は次のように語る。

　（略）すぐ怒鳴ったり、キレたり。そんな方々を、駅でもお店でもよく見かけるようになりましたから。「お客様は神様だろ」なんて使われているとしたら、とても残念です。
　一方で、接客する側も、それを職業とするのなら腹を決めて、どうすればお客様の気持ちを静めることができるのか、ご自分の力で工夫しなくてはならないところかとも思います。マニュアル一辺倒ではなくて（『朝日新聞』2012.9.6朝刊）。

　亡き父のフレーズが、本来の意図とは別のかたちで受容されている現状に対し、「とても残念です」と語りたくなる気持ちはよくわかる。だがむしろここで気になるのは「一方で」以降の文章である。ここでは、「接客する側」に対し、客の苛立った気持ちを静めるための工夫が要求されている。客も客だが、接客側も工夫しろ、というわけだ。では具体的にどのような工夫が必要なのか。
　このことは、サービス産業化社会に求められる労働のあり方と密接に関係している。まず工業社会では、工場に設置された機械と向きあうことが労働の基本とされた。一方で、第3次産業中心の社会では、「他者と話すこと」がその基本となる（Bell 1973=1975）。そこでは、これまでの労働には求められなかったある「特別なスキル」が要求される。それは、自己の感情を管理するスキルだ。感情管理を必要とする労働を感情労働と呼ぶ（Hochschild 1983=2000）。この概念を提唱したホックシールド（A. Hochschild）は、その著書『管理される心』において、航空会社の客室乗務員に関するおもしろい事例を紹介している。客室乗務員の研修生たちは、訓練プログラムにおいて、飛行機の客室を自宅のリビングにみなすようにと訓練を受ける。なぜなら、自宅に招いた客に対するおもてなしと同様のサービスを、大多数の乗客にも表現できるように感情を管理する必要があるからだ。仮に、乗客が理不尽な態度をとったとしても、感情をうまく管理し、おもてなしを届けることに専念しなければならない。

話を戻そう。三波春夫の長女・美夕紀氏は、接客側に対し、客の苛立った気持ちを静めるための工夫を求めていた。その工夫こそ、ホックシールドのいう感情管理ではないだろうか。理不尽な客には、自己の感情を管理しながら臨機応変に「上手」に対応する、そうすることでようやく客の苛立ちを静めることができる、というわけだ。興味深いのは、先の新聞記事にあるように、そのような工夫は通常、「マニュアル一辺倒」では達成できないと美夕紀氏が認識していることだ。現場に応じた柔軟な対応力が必要ということだろう。しかしホックシールドが調べた航空会社のマニュアルには、驚くべきことに、感情管理のノウハウがしっかりと明記されている。要するに、客室乗務員のように、対人サービスを主とする労働には、マニュアルに記載しなければならないほど、感情を管理する訓練が必要とされているのである。これが、サービス産業化社会を生きるわたしたちに求められた労働のあり方なのである。

■ 第4節 ┃ 賃金による帳尻合わせ？

　みずからの感情を管理する営みは容易なことではなく、場合によっては消費者の「理不尽さ」にふり回される過酷な作業ですらある。先のホックシールドは、対人サービスの労働現場で高度な感情の管理が要求された結果、その代償として、労働者が燃え尽きてしまう問題点を指摘する（Hochschild 1983=2000：214）。その意味で、サービス生産者と消費者は平等な関係にはない（「客＝神」！）。しかし生産者は、感情労働の対価としての賃金を得ることで、その帳尻を合わせようとする。いろいろと精神的にしんどいけど、その分はちゃんと給料がもらえるから、まぁ頑張れるかな、という感じだろうか。ホックシールドはこう述べる。

　　労働という公の世界では（略）お客は王様であり、不平等な交換が普通であり、お客やクライアントは最初から感情とその表現に関して異なる権利を持つと想定されている。収支は賃金によって帳尻が合うことになっている（Hochschild 1983=2000：98）。

では実際のところ、帳尻は合っているのか。簡単ではあるが、産業別の賃金について調べてみた（厚生労働省 2018）。全体の平均賃金は男性が335万5千円、女性が246万1千円となっており、ジェンダー差が大きいことがまずは指摘できる。産業別にみると、第3次産業のなかにもさまざまな賃金格差が存在するが、男女ともに「宿泊業、飲食サービス業」がもっとも低く、全体の平均を大きく下回っている（男性271万4千円、女性200万1千円）。「サービス業（他に分類されないもの）」に関しても男女ともに平均を下回っている（男性275万1千円、女性217万9千円）。女性の就業率でもっとも高かった「医療、福祉」は256万円となっており、平均を多少は上回るものの、けっして高い賃金とはいえない。

　要するに、第3次産業のなかでもとくに、対人サービスに関連する産業の賃金はけっして高くない。つまり、感情の管理が必要とされるサービス業において、生産者と消費者が不平等な関係に置かれているだけでなく、その埋めあわせとしての賃金さえも十分に支払われていない可能性すらある。

■■ 第5節 ┃ やりがいの搾取

　賃金が十分に支払われていないにもかかわらず、なぜ、その仕事に人々は従事するのか。ほかに仕事がない、現在の職場環境が自分のライフスタイルに適している等、いろいろ理由は考えられるが、ここではとくに、労働に対して「やりがい」を感じている人々に焦点を当てたいと思う。

　近年、低賃金かつ長時間労働といった過酷で不安定な労働環境のもと、それでもやりがいを感じながら働く若者に注目が集まっている。阿部真大（2006）は、バイク便ライダーの労働現場にみずから飛び込み、バイク便ライダーの若者の独特の世界を内側から丹念に描いてみせた。そこで明らかになったことは、「趣味」のバイクを仕事にすることで、知らず知らずのうちに不安定な労働環境から抜け出せなくなっていく、というものであった。阿部は、やりたいことに没入し、働きすぎてしまう状態を自己実現系ワーカホリックと呼ぶ。

　阿部の主張を引き継ぎ、議論をさらに押し広げたのが本田由紀（2008）である。本田は、自己実現系ワーカホリックを成立させる要素には、阿部が発見した①趣味性以外にも、②ゲーム性、③奉仕性、④サークル性・カルト性がある

と指摘する。②ゲーム性とは、仕事における裁量性が高く、自分のやり方次第で売り上げや収入が上がるといった、いわゆるゲームに没入していく状況を指す。③奉仕性とは、「お客様のために」等、顧客に対して最大限に奉仕しようとする状況を指す。④サークル性・カルト性とは、しばしば仕事に対して「宗教的」な意味づけがなされ、高揚した雰囲気のなかで労働者が仕事にのめり込んでいく状況を指す。飲食店の接客労働が典型だ。そして実際の労働現場では、①〜④の要素が時に渾然一体となり、絡まりあうことによって、労働者は働きすぎてしまう。その結果、過酷な労働現場から抜け出せなくなる。

　阿部や本田の主張を聞いて、あなたはどう感じただろうか。過酷な労働環境で働きすぎてしまうことはたしかに良くない。しかし、当の本人たちがそこに「やりがい」や「楽しみ」を見出しているのであればそれはそれで幸福ではないか。むしろ「自己実現」できて羨ましくもある。本田は言う。

　　　しかし、ことはそれほど簡単ではない。彼らは自発的に「自己実現」に邁進しているように見えて、じつは彼らをその方向に巧妙にいざなう仕組みが、働かせる側によって、仕事のなかに組み込まれているのである。
　　　その意味で、「自己実現系ワーカホリック」という言葉は、（略）働かせる側の要因の重要性を言いあらわすために、ただしくは「＜やりがい＞の搾取」と呼ぶべきであろう（本田 2008：95-96）。

　本田の批判は、若者の「自己実現」「やりがい」には向かっていない。先の阿部も職業への「夢」そのものは否定していない（阿部 2016：131）。批判の矛先は、若者の意欲につけいり、劣悪な労働環境で若者を働かせて利益を得ている企業に向けられている。やりがいの搾取ということばには「働かせる側」への怒りが込められているのだ。

　このことばは、昨今、さまざまな分野で使用されており、社会のなかにすでに定着しつつある。そのひとつのきっかけが、2016年に放映されたテレビドラマ『逃げるは恥だが役に立つ』（TBS系）だろう。新垣結衣演じる森山みくりが「やりがい搾取」をセリフとして用いたことが社会現象となった。それに伴い、フリー素材で有名な「いらすとや」にも「やりがい搾取」のイラストが登場した（冒頭の写真）。イラストには、やりがいに向かって汗をかきながら懸命

第5節　やりがいの搾取　　33

に走り続ける若者と、一方で、やりがいという餌をぶらさげ、涼しい顔で若者に担がれて前に進む年配男性が描かれている。本田の先ほどの批判をものの見事に、実に端的に表現したイラストだろう。なお、こうしたやりがいの搾取論は、違法性の高い労働環境に若者をつなぎとめ、搾取するという意味で、ブラック企業（今野 2012）、ブラックバイト（今野 2016）の問題にも直結する。

■ 第6節 ┃ 労働にふれるとは？

　サービス産業化社会をわたしたちは生きている。この社会では、自己の感情を管理するスキルが労働者に要求される。それゆえに、労働者にとって精神的負荷が大きい。時に、労働者は燃え尽きる。賃金が正当に支払われるならまだしも、サービス業に従事する人々のすべてが高い賃金を得ているわけではない。しかし不思議なことに、過酷な労働現場に「自己実現」や「やりがい」を見出す人々がいた。こうした人々は、一見すると、仕事に喜びを感じているという意味で、とくに問題はない。しかし、自己実現ややりがいという要素は、労働者を雇う企業側にとって有利に働く。低賃金で労働者を囲い込み、働かせ、その利益は企業に入るしくみになっているからだ。労働者はやりがいを通じて搾取される。

　以上が、本章で検討してきた内容だ。労働の問題に「ふれる」には、歴史、経済、経営、法律、ジェンダー、地域など、ほかに取り上げなければいけない問題が多々ある。本章で検討したのはそのほんの一部に過ぎない。しかし、一部しか扱えなかったとはいえ、それでも労働の問題に「ふれる」には実に多くのことを考え、いろいろな角度から検討しなければいけないことが少しは伝わったと思う。

　冒頭の、平謝りを続けるあの店員の話に戻ろう。本章をさいごまで読み終えたあなたには、労働に「ふれる」際に必要な、いくつかの社会学的な「ものの見方」を手渡した。今のあなたなら、あの店員のあの姿に、あるいは、あなた自身の労働する姿に、現代社会のどのような特徴を読みとるだろうか。

（上原　健太郎）

【読 書 案 内】

濱口桂一郎，2013，『若者と労働』中公新書ラクレ．：若者の労働問題について網羅的かつ
　簡潔にまとめられている。とくに、欧米と日本の雇用システムを比較した箇所は、日本社
　会の特殊性が鮮やかに浮かびあがるため、目から鱗が落ちるのは必須。

本田由紀編，2007，『若者の労働と生活世界』大月書店．：コンビニ、介護職、就職活動、
　ストリートダンスなど、さまざまなトピックを扱った論文集。フィールドワークを通じて
　描き出された「若者の労働と生活世界」のリアリティは、2019年現在の若者の生活のあり
　ようを考える際にも非常に参考になる。

【引 用 文 献】

阿部真大，2006，『搾取される若者たち──バイク便ライダーは見た！』集英社．

Bell, Daniel, 1973, *The Coming of Post-Industorial Society*, New York: Basic Books. (内田忠夫・嘉治
　元郎他訳，1975，『脱工業社会の到来 上・下』ダイヤモンド社．)

Hochschild, Arlie, 1983, *The Managed Heart: Commercialization of Human Feeling*, University of
　California Press. (石川准訳，2000，『管理される心──感情が商品になるとき』世界思想社．)

本田由紀，2008，『軋む社会──教育・仕事・若者の現在』双風舎．

今野晴貴，2012，『ブラック企業──日本を食いつぶす妖怪』文藝春秋．

────，2016，『ブラックバイト──学生が危ない』岩波書店．

厚生労働省，2018，『平成29年賃金構造基本統計調査の概況』

栗田真樹，2016，「『現実を生きる』ための社会学──労働・産業・消費」藤原清夫・栗田真樹編『大
　学生のための社会学入門』晃洋書房．

富永健一，1988，『日本産業社会の転機』東京大学出版会．

── 研究のコトハジメ：地域的な文脈に置きなおす ──

　わたしは、沖縄で居酒屋を経営する若者集団に対し、調査を続けてきた。かれらの人生に耳を傾け、集団形成の軌跡をたどり、居酒屋を立ち上げていくそのプロセスに立ち会ってきた。現在も、調査を継続している。調査に至るまでのプロセスは別の機会（岸ほか 2020）に譲るとして、ここでは調査をしながら考えてきたことの一部を紹介する。

　寸暇を惜しんで、夢に向かって邁進していくかれらの姿に、わたしはただただ圧倒されてきた。と同時に、その活動をどのようにとらえるべきか、悩み続けてきた。感情労働（ホックシールド）として、自己実現系ワーカホリック（阿部真大）として、やりがいの搾取（本田由紀）としてとらえることができるかもしれない。しかし調査を続けていくなかで、それだけではかれらの活動は十分に説明できないという思いが募ってきたのである。

　沖縄の労働環境は非常に厳しい。中小零細企業が多く、企業の開業・廃業も頻繁に起こる。低賃金、長時間労働を特徴とするサービス業中心の地域でもある。そもそもこうした産業構造は、1972年まで続いた米政府統治といった戦後沖縄の歴史的経緯のなかで作り出されてきたものだ。そのなかで沖縄の人々は、それぞれが置かれた状況に適応する過程で、現在の「生活の型」を築いてきた側面がある（岸ほか2020）。調査対象の若者集団もまた、学歴や経済状況が十分ではないなかで、ビーチパーティや異業種交流会などのイベントを頻繁に開催してきた。それはなぜか。経営のために必要な人脈を増やすためだ。この活動は、一見すると、劣悪な環境下で「自己実現」「やりがい」を見出して働いている若者として映る。たしかにその側面もある。しかし、人脈を増やし、それに頼るという働き方は、個人の力ではどうしようもないほどの、圧倒的に不平等な歴史的経緯のなかで、よりよい働き方を求め、時間をかけて築き上げてきた沖縄の人々の「生活の型」かもしれないのである。

　やりがいの搾取論を手放すことなく、地域的な文脈のなかにかれらの労働を位置づけ直すこと。その上で彼らの活動を内側から記述していくこと。こうした姿勢がわたしたちには必要なのかもしれない。地方高卒者の生活と労働を内側から描いてみせた尾川（2013）の研究は、その意味でも非常に学ぶべきことが多く、参考になる。

（上原　健太郎）

岸政彦・打越正行・上原健太郎・上間陽子（2020）『地元を生きる──沖縄的共同性の社会学』ナカニシヤ出版

尾川満宏、2013,『地方における高卒就職者の「移行」に関する教育社会学的研究』広島大学大学院教育学研究科、2012年度博士論文

Chapter 5

観光にふれる

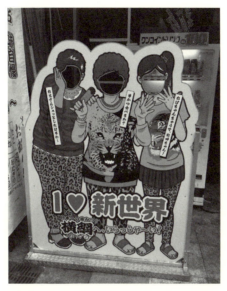

大阪・新世界の串かつ店前の顔出し看板（2017年7月21日撮影）

■ 第1節 ■ 「大阪」といえば…？

　自分の住んでいる街のイメージが、テレビやインターネットなどのメディアを通して、脚色あるいは歪曲されて伝わっていると感じたことはないだろうか。関西文化論や風俗史などの著作で知られる井上章一によると、1980年代に大阪で放送されていたある夕方の情報番組内で、ゆかい気に見える女性を選んで街頭ロケに登場させたことが、ステレオタイプ的な「大阪のおばちゃんイメージ」が拡がるきっかけになったという（井上 2018：32-34）。予算の少ないローカル局が素人出演番組を量産した結果、誇張された大阪イメージが定着したというのだ。このように地域イメージは、メディアを通して形成・拡散されるという特徴がある。このことは、観光地のイメージ形成についても同様のことがいえるし、むしろ、その傾向は強いといえるのかもしれない。なぜなら地域イメ

ージこそが、観光客を呼ぶための重要な資源になるからである。

■■ 第2節 ┃ 「観光のまなざし」と社会

　観光とメディアの関係については、すでにいまから60年近く前にダニエル・ブーアスティン（D. Boorstin）というアメリカの文筆家が、疑似イベント論として言及している（Boorstin 1962=1964）。ブーアスティンは、現代の観光客はメディアによってつくられたイメージのなかを旅行する受動的な存在であり、「ほんものの旅」を経験しない者であると否定的に論じた。たとえば、大阪の観光スポットである通天閣を肉眼で見て「テレビで見たのと同じだ！」とはしゃぎながら、ガイド本と同じショットで通天閣を自分のカメラに収める。疑似イベント論によればこのような行為は、マスメディアによってよく知られたイメージを確認する行為にすぎない。メディアによってつくられた虚構が現実を覆い尽くすような状況を説きながら、ブーアスティンは観光の大衆化を批判したのである。

　それでは、私たちは何を観光の対象として見ようとしているのだろうか。この疑問に対しては、イギリスの社会学者ジョン・アーリ（J. Urry）による観光のまなざしの議論が参考になる（Urry and Larsen 2011=2014）。アーリによると、現代の観光は旅行業の発達、とりわけそれらと結びついた交通網の整備やメディアの発達と密接に関係している。ただし、そのことは単に交通網が整備されることによって世界中のあらゆる地域へ容易に行けるようになったとか、メディアが発達することで遠隔地の情報をたやすく享受できるようになったということ以上の意味を含んでいる。

　近代旅行代理業の先駆けといわれる「トーマス・クック・グループ」の創業者トーマス・クックは、実業家であると同時に熱心なバプティストであり禁酒運動家でもあった。彼は、19世紀半ばのイギリスにおいて、労働者の余暇活動としてパックツアー（団体旅行）を提唱した。労働者にとっての望ましい余暇活動とは、朝から酒を飲むような堕落したものではなく、空気のきれいな場所での健全なレジャー活動であるというわけだ。アーリはこの時期のイギリスにおける海浜リゾートの誕生を、労働者を視覚的に誘惑する集合的まなざしが生

成される場ととらえた（Urry and Larsen 2011=2014：46-73）。このように、観光の
まなざしは賃労働との対比によって決まる。ただしそれは、労働者たちの自由
な余暇時間を、使用者側（資本家）が管理することと表裏一体の関係にあるこ
とに注意が必要である。アーリの議論は、近代における余暇活動と労働を考察
する上で、重要な視点を提供してくれる。

　しかし、20世紀後半以降の消費社会化や情報社会化に伴い、観光のまなざし
は賃労働という生産活動とは切り離され、消費の次元において機能するように
なる。たとえば、2000年代頃に「昭和レトロブーム」という現象が起きた。当
時、昭和30年代頃の生活文化や労働文化が観光のまなざしの対象となり、少し
古ぼけた街並みが残された商店街が観光スポットとして紹介されたり、昭和の
街並みを模したテーマパークが現れたりした。そこでは、日常生活と明確に分
離されたものではなく、ひと昔前の日常生活を想起させるような景観や文化が
観光化された。このように、単に非日常を謳う場所だけではなく、日常生活と
つながりや連続性をもった場所や文化が観光のまなざしの対象となっていく。
また最近では、負のレッテルが貼られるような地域イメージであっても、観光
資源になる場合がある。これまで観光客が足を運ばなかったような歓楽街を
「ディープな○○」といって紹介する文言も、もはや観光客を呼び込む際の常
套句になっている。ここでは、日常の社会活動とははっきりと区別されるもの
ではない、日常と観光のあいだの分化が溶融した状況が生じている（Urry and
Larsen 2011=2014：151 − 185）。

　こうした変化は、観光の個人化とも大きく関わっている。団体旅行の衰退に
伴い、「みんなと違うものを見たい、違う体験がしたい」という欲求が喚起さ
れやすくなった。現代社会における観光のまなざしは、消費の美意識の差異化
（審美化）を通じて形成される。さらに観光客は、観光地の住民やほかの観光客
らと積極的に交流することが期待されるにつれ、観光がアイデンティティ形成
の重要な創造主になる（遠藤・須藤 2017：26-27）。その例として、社会運動団体
や NPO らが主催するまちあるきツアーや、アニメ聖地巡礼などに代表される
コンテンツツーリズム、さらに近年注目されているアートプロジェクトやダー
クツーリズムといった体験型の観光があげられる。このように、観光のまなざ
しをめぐる議論では、かつての疑似イベント論が批判した受動的な観光客の姿

第2節　「観光のまなざし」と社会　　*39*

ではなく、主体的かつ能動的に観光地の文化や生活にふれる観光「者」としての姿が強調されるようになっていく。

■■ 第3節 ┃ 「観光まちづくり」の興隆とそのジレンマ

　地域イメージは、観光地の住民など地域社会に関わるさまざまな人たちの地域アイデンティティ形成にも影響を与える。ここでいう地域アイデンティティとは、地域に対する誇りや愛着といった意識のことを指す。前節で提示したように地域イメージは、マスメディアなど地域に対して外部からまなざしを向ける諸アクターによってつくられるという側面がある。地域外の主体によるイメージと、地域内の住民らが有するイメージは、相互作用しあうような関係にある。そのなかで地域住民らは、外部からのまなざしを内面化することによって、自己の地域イメージを再帰的につくり出していき、こうした過程を通して地域アイデンティティが確立される（田中 1997）。

　このような地域イメージと地域アイデンティティの関係性から想起されるのが、近年の観光まちづくりに関する議論である。観光客を呼び込むことで地域を活性化させるという手法は今では広く浸透しているが、観光まちづくりが注目されるようになったのは、2000年代以降と比較的最近のことである（森重2015）。

　観光まちづくりが注目された背景には、地域人口の減少や地場産業の衰退、中心市街地の空洞化などといった地域課題の打開策として、観光産業が期待されるようになったことがあげられる。しかしこれらの地域課題は、2000年代以前にも日本各地ですでに顕在化していた。1980年代、第一次・第二次産業の衰退への対策として、当時のバブル景気を背景とした大型リゾートや工場誘致などの開発政策が行われた。しかし、1990年代以降バブル経済の崩壊もあり、こうした「ハード重視」の地域活性化の多くはことごとく失敗した。大型開発や「ハコモノ行政」に批判が集まるなか注目されるようになったのが、地域住民が主体となった持続可能な「ソフト重視」の地域活性化であった。とくに、地域の外部からやってきた観光客らと地域の人々との交流が、持続可能な地域活性化につながると期待されたのである。こうした地域活性化のトレンドの変化

は、「地域活性化の起爆剤として大型開発を推し進めるもの」から、「今までの景観や文化を残しつつ、それらを観光資源として活かしていこうとするもの」への変化といえる。さらに近年では、先に述べたアートプロジェクトやアニメ聖地巡礼のように、地域外の諸アクターとの交流を通じてあらたな文化が生まれることが期待されるようになっている。こうした観光実践を通して、結果として地域に対する愛着や誇りをもつことにつながっていくというのである。しばしば、定住者ではない観光客などのことを「交流人口」と称することがあるが、近年では、観光や移住だけでない多様なかたちで地域に関わる「関係人口」という概念が注目されている。

　ところで、最近の観光まちづくりに関する議論は、いかに地域経済の活性化へとつなげるかという実践的な課題として、あえて俗な表現をすれば「いかに稼ぐか」という課題に応えるものとして扱われることも多い。2007年、宮崎県知事に就任した東国原英夫は、みずからを「県のトップセールスマン」と称して、知事就任中に地元産の農畜産物を全国にPRした。芸能界出身の政治家らしく、テレビやブログを積極的に活用したメディア戦略を行った点が特徴的である。この頃から、地方自治体の首長が行う記者会見の背後に、市のキャッチコピーや近日に行われるイベントの告知が書かれた市松模様のパネル（インタビューボード）が設置されるようになった。そしてこの間、「ゆるキャラ」などのご当地キャラクターが製作されたり、「B級グルメ」などをテーマとした地域イベントが各地で多数行われたりするようになっていった。このように「地域」は、観光客を呼びこむための、そして地元産業を売りこむための「商売道具」という性格を強くもつようになっていく。

　こうした潮流のなかで、観光まちづくりは大きなジレンマを抱えることになる。観光まちづくりでは、地域アイデンティティ醸成のために、住民や商店主らが主体性をもって活性化に関わることが重要視される。そうした実践を通じて、地域の人々が心の豊かさやゆとりをもち、それが結果として地域に対する愛着や誇りを生むことが望ましいとされる。他方で、前述のように、近年は「地域を売れる商品として市場に提供し経済的に活性化することが大きく期待されている」（堀野 2016：87）。近代観光の歴史をみても明らかなように、観光地の形成にはホテル開発や不動産業者、鉄道会社などによる資本の投入が不可

欠である。観光客が増加するにつれて、ほかの地域でも展開している企業のホテルや飲食店舗などが次々と参入してくる。資本主義社会における「資本の論理」によって、「地域」が記号化・商品化されてゆく。それは前節で述べた疑似イベント論で指摘された、観光イメージのステレオタイプ化を促し、観光資源が蕩尽されてしまうことでもある。また、地元外の資本（企業）の流入は、観光資源によるまちづくりを地域住民たちの手から乖離したものにする可能性もあるだろう。

■ 第4節 ┃ 「ディープな大阪」という地域イメージをめぐって

　観光まちづくりに内在するジレンマは、都市部においてよりいっそう顕著なものとなる。観光まちづくりの議論では、明確な地域イメージを確立して外部に提示していくことが重視される。たしかに、地域イメージを明確化させて地域アイデンティティを醸成させるといった取り組みは、コミュニティの同質性が高い場所（たとえば地方の村落地域など）では有効な場合もあるだろう。しかし、人口密度が高く多様な下位文化（subculture）がつくられる都市的空間（Fischer 1975=2012）では、地域の歴史や記憶を共有する均質な都市という想定は幻想であり、しばしばその歴史や記憶は選択的かつ論争的なものとなる（五十嵐 2010：86-87）。

　このような問題は、ジェントリフィケーション（gentrification）と呼ばれる議論につながるものである。ジェントリフィケーションとは、低所得の労働者層らが多く暮らす大都市のインナーシティの地域で建物のリノベーションや再開発が進められ、周辺地域の地価が高騰したりあらたな高所得層の住民が流入したりする結果、従来からの住民が地域から離れざるをえなくなる現象を指す。脱工業化社会になってみられるようになったジェントリフィケーションについては、地域の昔ながらの文化やマイノリティの歴史が隠蔽されたり排除されたりすることが問題視されてきた。

　しかし、これまでの議論からわかるように現代の都市空間では、昔ながらの地域文化や歴史、すなわちほんもの（真正性）こそが、貴重な観光資源であり地域経済の活性化に欠かせない要素と見なされている。地域文化は破壊された

り隠蔽されたりする対象ではなく、積極的に発掘され「売られる」対象である。「古き良き」時代のものとして提示された下町イメージを「売り」にするマンションが次々に建てられることによって、かえってそのイメージが壊されるという東京・谷根千の例は、地域の「再発見」によって引き起こされたジレンマの典型例といえる（岡村 2011：191）。

　本章冒頭の写真の撮影地である大阪市浪速区新世界は、大阪を代表する観光スポットである通天閣を擁する地域であり、2000年代以降観光客向けの串かつ店が急増するなど新しい飲食店やホテルが増加している。2017年には隣接地に大型高級リゾートホテルの進出が発表されるなど、インバウンドも追い風となり観光地化が著しい。このホテルを運営する企業の代表は、周辺地域を「ディープな大阪の文化を最も体験できるエリア」と評している（『産経新聞web版』2017.4.25）。新世界は、1903年に政府主導で開催された「第5回内国勧業博覧会」を契機として形成された地域であり、戦前は大阪を代表する盛り場（繁華街）として繁栄した。そして、戦後の高度経済成長期以降は新世界の南部を中心として、隣接する西成区釜ヶ崎（あいりん地区）の簡易宿泊所などで生活する日雇い労働者が集う盛り場というイメージが定着した。「ディープな大阪」は、明らかにこうした地域の歴史的固有性と関連したイメージを指している。

　新世界は、大阪の都市化の過程とともに、その地域イメージを変えてきた商店街である（八木 2019）。近年の新世界に対するまなざしは、よりカジュアルなものとして、そして地域経済の活性化に結びつくものとして変化しているようにもみえる。しかし、そのことが地域アイデンティティの醸成につながるとは限らない。地域を表すさまざまな記号が、諸個人の実生活・実体験のなかで、それぞれまったく正反対の価値づけがなされるゆえに、ポジティブなイメージづけが、かならずしもローカルな領域への愛着とはならないからである（岡村同：192-193）。とくに、長年ネガティブなまなざしが地域に対して向けられてきたと感じる人たちの多くは、マスメディアによって誇張された地域イメージに違和感を抱いている。観光化による地域イメージの変化は、ただ単にポジティブなものとして受け止められるわけではないだろう。他方で、地元の人たちが地域イメージを誇張して語ることによって、さらにそのイメージが強化されるということもある。新世界イメージは、まさしく地域の内部と外部の相互作用

第4節　「ディープな大阪」という地域イメージをめぐって　　*43*

によってつくられるのである。

　そこで私たちが考えるべきことは、観光地の地域文化や地域イメージが「ほんもの」なのかどうかではなく、それがどのようにして私たちの目の前に現れたのかということではないか。「観光」で「まちづくり」が各地で称揚されている現在だからこそ、より身近な問題としてとらえていく必要があると思われる。

（八木　寛之）

【読 書 案 内】

ジョン・アーリ，ヨーナス・ラースン，加太宏邦訳，2014，『観光のまなざし 増補改訂版』法政大学出版局：観光社会学における必読書で、2011年に出版された第3版の邦訳です。この増補改訂版では、本章で紹介した観光のまなざしの議論に加えて、グローバル化論や身体論、近年のテクノロジーの発展を踏まえた論考が加えられています。

多田治，2004，『沖縄イメージの誕生──青い海のカルチュラル・スタディーズ』東洋経済新報社：「青い海」といった沖縄イメージが、戦後沖縄における開発政策との関係のなかでいかにつくられたのかが議論されています。初学者にもわかりやすい構成になっており、観光イメージの政治性について学ぶことができる一冊です。

金善美，2018，『隅田川・向島のエスノグラフィー──「下町らしさ」のパラドックスを生きる』晃洋書房：脱工業化した東京の下町における、まちづくり運動の展開について描いた地域社会学的研究です。商品化された下町イメージが拡大再生するなかで、まちづくりの担い手たちがどう対応してきたのかが焦点のひとつになっています。観光まちづくりとアートに関心がある人にも読んでほしいです。

【引 用 文 献】

Boorstin, Daniel,1962, *The Image; or, What Happened to the American Dream*, Atheneum.（星野郁美・後藤和彦訳，1964，『幻影の時代──マスコミが製造する事実』東京創元社.）

Fischer, Claude. S., 1975, "Toward a Subcultural Theory of Urbanism," *American Journal of Sociology*, 80: 1319-1341.（広田康生訳，2012，「アーバニズムの下位文化理論に向かって」森岡清志編『都市空間と都市コミュニティ』日本評論社, 127-164.）

堀野正人，2016，「観光まちづくり論の変遷に関する一考察──人材育成にかかわらせて」『地域創造学研究：奈良県立大学研究季報』27（2）：65-91.

五十嵐泰正，2010，「『地域イメージ』、コミュニティ、外国人」岩渕功一編著『多文化社会の〈文化〉を問う──共生／コミュニティ／メディア』青弓社, 86-115.

井上章一，2018，『大阪的』幻冬舎新書.

森重昌之，2015，「定義から見た観光まちづくり研究の現状と課題」『阪南論集 人文・自然科学編』50
　　(2)：21-37.

岡村圭子，2011，『ローカル・メディアと都市文化──「地域雑誌 谷中・根津・千駄木」から考える』
　　ミネルヴァ書房.

須藤廣・遠藤英樹，2018，『観光社会学2.0──拡がりゆくツーリズム研究』福村出版.

田中美子，1997，『地域のイメージ・ダイナミクス』技報堂出版.

Urry, John. and Jonas Larsen, 2011, *Tourist Gaze 3.0,* Sage Pablications.（加太宏邦訳，2014，『観光
　　のまなざし 増補改訂版』法政大学出版局.）

八木寛之，2019，「変貌する新世界──戦後新世界の地域イメージと商店街」鯵坂学・西村雄郎・丸山
　　真央・徳田剛編『さまよえる大都市：大阪』東信堂，248-259.

第4節　「ディープな大阪」という地域イメージをめぐって　　*45*

研究のコトハジメ：観光地のイメージを調べる

　ある観光地のイメージについて調べようとする際、どのような資料（ドキュメント）を集めればよいだろうか。たとえば、旅行雑誌や観光パンフレット、タウン情報誌などの記事や写真から、メディアを通したその場所のイメージを知ることができるだろう。

　私は、4節で紹介した大阪・新世界のイメージについて、現在だけでなく過去のイメージがどのようなものであったかを知りたいと思った。しかし実際に調べていくうちに、旅行雑誌やタウン情報誌だけでは、数十年前の新世界がどのように語られていたのかを検討することが難しいのではないかと考えるようになった。そもそも新世界は、メディアのなかであまり観光地としては取り上げられなかった時期もあったからだ。

　そこで私は、東京都世田谷区にある「大宅壮一文庫」に行き、『サンデー毎日』や『週刊大衆』といったいわゆる大衆雑誌を閲覧した。大宅壮一文庫は、日本で発行された大衆雑誌などを収蔵する雑誌専門の図書館である。わたしが大衆雑誌に注目したもうひとつの理由は、新世界が大阪のなかでも有名な繁華街だったからである。これらの雑誌には、新世界に関する観光情報だけが掲載されていたわけではなく、売春や街の再開発といった社会問題に関する記事も含まれていた。こうした資料を閲覧するうちに、新世界には多様なイメージが付与されてきたことを知った。大阪の新世界に関する資料を、東京の世田谷で見つける。ある場所に関する資料は、意外な場所にあったりする。

　私のように、観光地を調べるために大衆雑誌を閲覧しようと思う人は少ないだろう。観光地のことが必ずしも大衆雑誌に書かれているわけではない。しかし、これまで観光客が来なかったような場所が、非日常的な観光のまなざしの対象になる（あるいは意図的につくられる）昨今の状況を鑑みると、旅行雑誌や観光パンフレット以外の資料にこそ、積極的に目を向ける必要があるのではないか。そのような資料には雑誌のほかにも、新聞記事や地図、地域の郷土史的な文献やフリーペーパーなどがあげられる。また紙媒体以外にも、SNSや動画投稿サイトにアップされた写真や動画、それらに付帯したコメントが、その場所のイメージを知る手がかりになるかもしれない。最近では、新世界や釜ヶ崎（あいりん地区）に「行ってみた」動画が、YouTuberによって複数投稿されている。

　観光地のイメージはステレオタイプ的なものになりがちだが、その形成過程を知るためには多角的な視点が必要である。

（八木　寛之）

Chapter 6

スニーカーにふれる

写真のスニーカーは、1991年の発売当時、アメリカでは購入をめぐって殺人事件が起こってしまうほど人気が加熱したエアジョーダン5（5代目）（写真のポーズは、お笑い芸人レイザーラモンRGさんが考案した、スニーカーをかっこよく見せるための自撮りポーズで、通称「キモ撮り」と呼ばれる（著者撮影））。

■第1節　コートの中からストリートへ

　読者のみなさんは、今履いているスニーカー、あるいは講義の座席で前に座っている人、街ですれ違う人々が履いているスニーカーが、どのような経緯で誕生したか、どんな人々が履いてきたか、なぜブームになっているのかなど考えてみたことはあるだろうか。みなさんが普段から履いたり、目にしているスニーカーの多くは、実はどれもバスケットボールやテニスなどのスポーツ競技専用シューズとしてつくられたものなのだ。では、テニスコートや体育館で着用されるべき競技用シューズが、街中で当たり前のように着用されるようになった理由を、みなさんは知っているだろうか。

　2019年に公開された『スパイダーマン：スパイダーバース』では、それまで白人青年が主人公であった同シリーズとは大きく異なり、アメリカ・ブルックリンに住む、アフリカ系とヒスパニック系のルーツをもつ少年が主人公として

47

設定された。劇中で彼は、ヘッドホンでラップと呼ばれるヒップホップミュージックを聴きながら、バンクシーに憧れてグラフィティを描き、その足元にはエア・ジョーダンというバスケットボールシューズを「街履き」している。この描写にこそ、スニーカーがコートの中だけでなくストリートでも履かれるようになった理由が隠されているのだが、本章では社会学で用いられる諸概念を手立てに、スニーカーに秘められた物語を紐解いてみたい。

■■ 第2節 ┃ 「黒い」スパイダーマンとエア・ジョーダン

　エア・ジョーダン（以下 AJ）とは、1984年に登場した、ナイキと専属契約していた黒人プロバスケットボール選手マイケル・ジョーダン専用のバスケットボールシューズである。AJ を着用した彼は、その高い身体能力からくり出される、誰も真似できないような豪快な空中プレイを武器に、所属チームを何度も勝利へと導き、得点王や MVP も幾度となく獲得し華やかな実績を数多く残した。「バスケットボールの神様」とまで称されるほど名実とも有名な彼と同様に、AJ にも注目が高まり、今もなお人気を博している（川村 2012）。

　では、スパイダーマンの主人公である黒人少年がエア・ジョーダンを履くことには、どのような物語が見出せるだろうか。

　1960年代のアメリカでは、アフリカ系の人々が、キング牧師やマルコム X といった指導者を先頭に、水飲み場やトイレ、バスの座席さえ隔絶され、選挙権もないなどの社会的不平等・差別と闘い、公民権運動を展開した時期である。こうしたなか、1968年に開催されたメキシコシティオリンピックの陸上競技種目にて、アメリカ代表のトミー・スミスとジョン・カーロスの両黒人選手は、金、銅メダルを獲得した表彰台の上で、シューズを脱いで黒ソックス姿になり、黒手袋を着用した拳を空にかざした。その様子は世界中に放映されたが、かれらのこの行動は、「ブラック・パワー・サリュート」と呼ばれる、アメリカで人種差別に直面している黒人の過酷な状況に抗議を示す政治的なパフォーマンスであった（この時、トミー・スミスが表彰台で脱いだトレーニングシューズが元となり、登場したのが「プーマスエード」というスニーカーである。プーマスエードは誕生の背景にある物語に共鳴するスケートボーダー、ラッパー、ストリートダンサーなどに広く愛好され

48 ● 第6章　スニーカーにふれる

ている）。山本（2017）によればこのパフォーマンスは、オリンピックという熱狂的なスポーツの空間の意味を身体表現によって奪い、人種差別を告発する政治的な意味空間へと役立てるアプロプリエーション（奪用 / 流用）という方法による抵抗的実践だったのである（しかしその後かれらは、「スポーツの場に政治を持ち込んだ」として、メダルを剥奪され、スポーツ界から永久追放される）。

　60年代以降、顕著な差別は減ったものの、依然として黒人というだけで、白人や警察から不当な暴力を振るわれる事件や、それへの抗議として暴動が起こるなど、アメリカ国内の人種間の溝は深いものであった（Rose 1994=2009）。黒人たちが社会的に排除される風潮がいまだ残る只中で、ジョーダンやトミー・スミスらをはじめ、さまざまなスポーツ分野における黒人アスリートの活躍を伝えるテレビや新聞などのメディアは、「黒人はスポーツがうまい」「黒人には特有の身体能力がある」といった偏った言説を社会的に構築してきた。こうした「黒人身体能力」表象は、かれらをさらに異なった存在にしてきた（川島 2009）。このような、特定の人々に規則や基準を当てはめ、レッテルを貼って差異化する（ラベリング）ような表象や言説は、逸脱やスティグマ（ネガティヴな烙印）を生み出し、差別を助長する状況を構築・維持してしまう（Becker 1963=1978）。その点では、否定的なニュアンスではないにせよ、AJ も結果的に「黒人身体能力」表象の補強に深く関わっているといえる。

　しかしながら、コート上で圧倒的な強さを見せ、世界中から注目され尊敬されるジョーダンは、差別に苦しむ黒人たちにとって困難に立ち向かう勇気を与えてくれる存在であったことは間違いない。スパイダーマンの黒人少年は自身の立場から、ジョーダンの活躍の物語を、社会的差別のなかで闘うヒーローの物語へと読み替え、その文脈にジョーダン / スパイダーマンという憧れのヒーロー像、人種差別 / 悪への抵抗といった要素をつなぎあわせることで、AJ に象徴的意味をもたせているのではないだろうか。このように、一見関係ないように見える別々の要素同士が、特定の状況下で結びついたり（節合）、または切断され別の文脈へとつなぎなおされる（分節化）ことで意味をなしていくプロセスを、スチュアート・ホール（S. Hall）はアーティキュレーションという概念で説明している（Hall 1990=1998）。主人公をはじめとした黒人たちにとって AJ とは、人種に関する歴史や言説といったさまざまな要素をうまく流用、節

第2節　「黒い」スパイダーマンとエア・ジョーダン　49

合し、意味づけることで、それらが複雑に交差する網の目のなかで自分が何者であるかを位置づけるための重要なアイテムなのである。

■ 第3節 ┃ スニーカーが反映するストリートの人々の価値観

AJは、今ではバスケットボールというスポーツの文脈を超え、ストリートファッションと呼ばれるスタイルの象徴的なアイテムとなっている。ストリートファッションは、人種・階層的マイノリティなど多様な人々が集うストリートで流行している音楽やスポーツ、アニメや映画のようなメディア、アートなどさまざまな文化と人々の相互作用によって形成されている（渡辺2017）。そうしたかれらの文化は、社会的に上位の階層の人々や、かれらが主な担い手であるクラシック音楽や伝統芸能、芸術（fine art）といった高等で支配的な主流文化とは対極の周縁に位置するため、サブカルチャーと呼ばれる。

ストリートにおいてファッションは、自身の個性をアピールする手段として用いられているため、身につけているものには個人の価値観や情報、主張を伝えるメディアとしての意味が生じる。人々がファッションに付与している意味構造を解明しようと試みたディック・ヘブディジ（D. Hebdige）は、記号論という分析手法で、1970年代イギリスで若者サブカルチャーとして登場したパンク・モッズなどのスタイルを対象に、過激な服装に込められた意味を明らかにしようとした（Hebdige 1979＝1987）。そこでは、若者たちが他国から持ち込んだ文化やモノを本来と異なる使い方をしているのが観察された（ブリコラージュ）。かれらは社会から押しつけられる常識や規範に囚われることなく、自分たちの思うありのままの価値観を社会に訴えかける、抵抗のメッセージをそれで表現していたのである。社会の常識や規範に支配されることなく、むしろそれらから逸脱するような自由な着こなしやアイテムの用い方には、ストリートに集うさまざまな価値観や境遇をもった人々の意思やイデオロギーが反映されているという見方ができるのである。

またAJを一躍有名にし、ストリートの代表的アイテムにしたのは、ジョーダンの活躍の物語のほかにもう一つある。彼の所属チーム、シカゴブルズの象徴的カラーである赤と黒を基調につくられたAJは、当時の米プロバスケット

ボールリーグのルールでは白基調のシューズの着用が義務であったため、これを着用してプレーすることはルール違反だった。しかしスポンサーであるナイキは、毎回違反金を肩代わりし、彼に AJ を履き続けさせた。そしてそのことを逆手に取り、「NBA は試合で履くことを禁止したが、ストリートで履くことまでは止めることができない」というキャッチコピーで AJ の CM を製作・放映した（川村 2012）。これにより AJ に付与された反骨精神的なメッセージ性は、ストリートの人々の抵抗的価値観と節合されることで、黒人以外の人々にも広く支持され、履かれるようになったのである。

　このようにスニーカーは、コートの中の運動靴という用途から、ストリートに集うの人々の意思や声を主張するためのアイテムへと再解釈され、そしてどのスニーカーを履いているかによって、個人のライフスタイルやアイデンティティを読み取ることが可能なステータスシンボルとしての意味をもつようになったのである。

■ 第4節 ┃ AJ やラップは「黒人」だけのものなのか？

■ 1 「黒人文化」を形成するラップと AJ

　主人公が聴いていたラップと呼ばれる音楽も、ストリートに集う人々によって生み出された文化表現であり、黒人と密接に関係している AJ はラップを歌う黒人ラッパーにもよく着用されている。しかし、AJ を着用し、ラップするのは黒人だけではない。白人ラッパーのエミネムは2015年、自身の出身地デトロイトでのコンサートで AJ を着用してラップし、また日本人ラッパーのアナーキーは『60 Bars Dream』という楽曲のなかで、ラッパーの象徴、成功の証として「積み上げる Nike, Jordan ⅠⅡ」とラップしている。黒人／それ以外のラッパーおのおのにとっての AJ／ラップの意味や関係とはいったい何なのだろうか。

　1970年代のアメリカ・ニューヨーク州のブロンクス区は、アフリカ系・ヒスパニック系を中心とした多様なマイノリティの人々が多く暮らす地区であった。しかし同区は、経済危機、脱工業化・人口流出によって貧困やギャング、ドラッグ、犯罪の横行といったさまざまな社会的問題に直面し、荒廃が進んだ。そのようなゲットー（スラム化した都市部）で暮らす多種多様な若者たちは一方で、

第4節　AJ やラップは「黒人」だけのものなのか？　*51*

かれらがもつ民族的言語やスタイル、ダンスといった文化、路上や壁、テクノロジーなど、利用できるものや場所は何でも遊び道具に流用し、都市空間を遊び場としてブリコラージュする実践を日常的に行い、楽しんでいた。そうしたDIY精神（二木 2016）と、苦しい状況にもポジティブに向きあおうとするかれらのライフスタイルは「ヒップホップ」と呼ばれ、そのなかの遊びの一つとして誕生したのが「ラップ」である（George 1998=2002ほか）。ポール・ギルロイ（P. Gilroy）はヒップホップを、彼らのもつルーツや、歴史、文化、人々の経験や記憶などが絶えず移動し節合されながら変容することで形成されてきた「黒人文化」としてとらえている（Gilroy 1993=2006）。こうした特徴からラップは、当時のかれらを取り巻く社会状況や、白人の支配的権力への怒りや欲求不満を身近な題材として語ることで、周縁の人々の「声」となり、社会に存在を示してきた（Rose 1994=2009）。

　このことからラップが、ジョーダンの果たしてきた役割と重なっていることがわかるだろう。黒人ラッパーたちは AJ のもつジョーダンの物語に、ヒップホップやラップの中心にある黒人文化たる物語を節合し、それをコスチュームとして身につけパフォーマンスすることで、自身の文化的・社会的立ち位置と支配への抵抗を表明するのだ。黒人の主人公が劇中で AJ を身につけ、ラップを口ずさむシーンは、まさにチャン（Chang 2005=2007）が述べていたようなニューヨークでくり広げられていた、ヒップホップ的な黒人文化実践の様相を象徴的に描写しているといえよう。こうした文化実践を通して、彼は黒人としてのアイデンティティを形成してゆくのである。

■2　ラップの「経路」に立つために

　それゆえ、白人や日本人のように黒人ではない人々、ラップが生まれた社会的背景や構造が異なる社会での実践に対しては、本当の意味で「黒人文化」のラップではないと軽視・非難の対象となることもあり（George 1998=2002, Condry 2006=2009）、ラップはさまざまな価値観が衝突する場でもある。ピエール・ブルデュー（P. Bourdieu）（1979=1990）はこのような文化の場（フィールド）で生じる、誰の文化実践が正統かをめぐる闘争を、文化資本の差異による文化をめぐる争い（象徴闘争）と呼んだ（Bourdieu 1979=1990）。文化資本とは生まれ

や教養、礼儀作法、ふるまい、服の着こなし方など、個人の身体にしみ込んでいる文化的能力・センスのことであるが、ラップにおける文化資本としては、黒人であること、黒人文化に関する知識、ハードな歌詞、ゲットーの黒人のようなふるまい方、言葉づかい、BボーイのファッションそしてAJを着用しているかなどがあげられよう。これらを多く保有することが、ラップにおける「黒人性」（Rose 1994=2009）や「リアルさ」といった象徴的な意味を強め、正統性を獲得することにつながるのである。ラッパーはそうした象徴が価値をもつラップという「場」のなかで闘争（象徴闘争）をくり広げながら、自身のラップの正統性を示しているのだ。

　しかし、「黒人」であるという変えようのない起源（roots）こそ重要であり、「黒人性」に文化の真正性があるという考え方（本質主義）は、人・文化を人種的な枠組みによって区別し、排除を生み出すかもしれない。一方で、人種は歴史や言説などによって社会的・文化的に構築され変わりゆくものという考え方（多元主義）に立てば、スニーカーやラップに節合されてきた人種のもつ意味を見逃してしまうかもしれない。「黒人性」を帯びつつも、さまざまな起源、場所、社会的文脈の人々に聴かれ、実践されるほど広く愛されるようになったラップは、やはり黒人にのみ許された文化なのだろうか。

　ギルロイ（1993=1997）は、こうした本質主義と多元主義を批判するため、文化の価値観や意味、それに携わる人々は変わっても、そのなかでも変わらない何か＝「変わりゆく同じもの（changing same）」という考え方を示した上で、「どこから来たかじゃねぇんだよ、どこにいるかなんだ」ということが重要だと主張する。つまり、ラップの起源がどこから来たかということよりも、ラップがどういう道をたどりながら表現されているかという経路（routes）に注目すべきということなのだ。さまざまな人々、地域、文化を旅しながら変わってきたラップという黒人文化を実践する者には、「黒人性」ではなく、その経路を共有し、次なる旅路へと経路づけるために今立っている所からどこを向き、何のためにラップで表現しようとしているのかということが問われているのである。AJというスニーカーの物語も、その経路の上に存在しているのだ。黒人というルーツをもたない者がAJを着用しラップするのを観た時、わたしたちにはかれらのAJが黒人文化の経路の上に立っている証しとして目に映るのではないだろうか。

第4節　AJやラップは「黒人」だけのものなのか？

第5節 ┃ スニーカーの「経路」から社会にふれてみる

　本章では、社会学の諸概念を用いて、主に AJ というスニーカーにまつわる文化と人種の関係、そこに込められた意味について紐解いてきた。さて『スパイダーマン：スパイダーバース』では、「黒いスパイダーマン」のほかにも複数の個性的なスパイダーマンたちが登場し、それぞれの違いを越え、協力しあいながら敵を倒していくというストーリーが展開されていく。本章で紹介してきたような AJ の物語や経路にふれた今、主人公のルーツと、彼が劇中で AJ を象徴的に履きこなしていること、彼が聴いていたラップ（本作の主題歌でもある）を歌っているのが多様なルーツをもつ白人と黒人であること、そしてストーリー展開が示唆していることは何なのかをあらためて見つめ直した時、みなさんは本作、さらには現実の社会においても今までとは異なって見えることがあるかもしれない。

　スニーカーを身につけることが誰にとってどのような意味があるか。そしてそれは誰のどのような思いや問題を反映するのに用いられてきたか（たとえばナイキは、毎年6月に世界中で行われるLGBTQの多様な個性を尊重し祝福する「プライド」月間とその活動の象徴であるレインボーカラーを、スニーカーやアパレルに落とし込んだ「Be True」コレクションとして展開し、同活動をサポートしている。このコレクションのスニーカーなどは、プライド運動を始めた人々の功績や受け継いできた記憶などを守り、それらの象徴としてあり続けるための重要な役割を担っているといえる）。そうしたさまざまな物語や経路を秘めているスニーカーはわたしたちに、今までよく知らなかった社会や人々にふれるきっかけを与えてくれるものでもあるのだ。そう思うと、みなさんもきっと誰かの足元についつい目が行ってしまうのではないだろうか。

（有國　明弘）

【読 書 案 内】

ジェフ・チャン，押野素子訳，2007，『ヒップホップ・ジェネレーション─「スタイル」で世界を変えた若者たちの物語』リットーミュージック．：ヒップホップ文化は、「ラップ（MC）」の他に、「ブレイクダンス」、「グラフィティアート」、「DJ」の4つの要素から構成されているが、本書はそれらについてもそれぞれ詳細に書かれているため、ヒップホップについて詳しく知りたいならまず本書から始めることを勧める。また、それら4要素が持つ政治

性という観点からヒップホップに迫ったトリーシャ・ローズ（2009, 新田啓子訳）の『ブラック・ノイズ』もおすすめである。

ポール・ギルロイ, 上野俊哉・毛利嘉孝・鈴木慎一郎訳, 2006,『ブラック・アトランティック―近代性と二重意識』月曜社. ：ラップやダンスなどの黒人文化を研究する際, そこで問われる人種と文化に関する問題を「経路」という視点で理論的に考察したギルロイの主著。文化を取り扱うことを得意とするカルチュラル・スタディーズの考え方を学ぶ上で必読。

【引 用 文 献】

Becker, Howard, 1963, *Outsiders*, New York: Free Press. （宝月誠訳, 1978,『アウトサイダーズ』新泉社）.

Bourdieu, Pierre, 1979, *La distinction critique sociale du jugement*, Minuit. （石井洋二郎訳, 1990,『ディスタンクシオンⅠ 社会的判断力批判』藤原書店.）

George, Nelson, 1999, *Hip Hop America*, Penguin Books. （高見展訳, 2002,『ヒップホップ・アメリカ』ロッキング・オン.）

Chang, Jeff, 2007, *Can't stop won't stop : a history of the hip-hop generation*, Ebury Press. （押野素子訳, 2007,『ヒップホップ・ジェネレーション−「スタイル」で世界を変えた若者たちの物語』リットーミュージック.）

Gilroy, Paul, 1993, It ain't where you're from, it's where you're at: the dialectics of diaspora identification in *Small Acts*. （藤永泰政訳, 1997,「どこから来たかじゃねえんだよ, どこにいるかなんだ――ディアスポラ的アイデンティティ形成の弁証法」『現代思想』25（11）, 青土社, 170-187.）

――― 1993, *The Black Atlantic: Modernity and Double Consciousness*, London and New York: Verso. （上野俊哉・毛利嘉孝・鈴木慎一郎訳, 2006,『ブラック・アトランティック――近代性と二重意識』月曜社.）

Condry, Ian, 2009, *Hiphop Japan Rap and the Pathsof Cultural Globalization*, Dratleaf. （田中東子・山本敦久訳, 2009,『日本のヒップホップ 文化グローバリゼーションの〈現場〉』NTT 出版.）

Hall, Stuart, 1990, "Cultural Identity and Diaspora," Williams,P. and L. Chrisman eds.,1994, *Colonial Disicourse and Post-colonial Theory*, Columbia University Press: 392-403. （小笠原博毅訳, 1998,「文化的アイデンティティとディアスポラ」『現代思想』26（4）, 青土社, 90-103.）

Hebdige, Dick, 1979, *Subculture : The Meanig of Style*, London Methuen （山口淑子訳, 1986,『サブカルチャー――スタイルの意味するもの』未来社.）

川村由仁夜, 2012,『スニーカー文化論』日本経済新聞出版社.

川島浩平, 2009,『人種表象としての「黒人身体能力」――現代アメリカ社会におけるその意義・役割と変容をめぐって」竹沢泰子編『人種の表象と社会的リアリティ』岩波書店, 291-315.

二木信, 2016,「RAP ATTACK ――日本語ラップは何を歌っているのか」『ユリイカ』48（8）, 青土社, 71-77.

Rose,Tricia,1994, *Black Noise: Rap Music and Black Culture in Contemporary America*,Wesleyan University Press. （新田啓子訳, 2009,『ブラック・ノイズ』みすず書房.）

渡辺明日香, 2017,「ストリートファッション──都市文化としてのファッション」藤田結子・成美弘至・辻泉編『ファッションで社会学する』有斐閣, 181-202.

山本敦久, 2017,「オリンピック, 祝賀資本主義, アクティヴィズム」田中東子・山本敦久・安藤丈将編『出来事から学ぶカルチュラル・スタディーズ』ナカニシヤ出版, 227-252.

研究のコトハジメ：「ストリート」文化にふれるわたしたち、「経路」にふれようとしない社会

　ラップやスニーカーなどと同様にヒップホップカルチャーが出自のものとして、ストリートダンス（ここではブレイクダンス、ロックダンス、ヒップホップダンスなどの総称として用いる）がある。ストリートダンスもメディアでよく見かけるようになり、体育の授業で必修化され、高校生ダンス部の活動も目覚ましく、近い将来、ブレイクダンスがオリンピックの競技種目になるかもと、近年何かと世間からの注目が集まるコンテンツとなった。

　しかし一昔前まで、ストリートダンスやラップはいわゆる不良的で「逸脱」的な文化のように扱われていた。アメリカでのそれらが、ゲットー的社会状況、ギャング文化と関係が深いことから、そうした文化的痕跡が日本に輸入されても今もなお残っているからかもしれない。ダンサーが、夜の空き地や公園、駅、商店街の店先のショーウィンドウ、ビルや建物のガラス窓などを利用し、スピーカーから音楽を流しながら文字通り「ストリート」で練習するさまは、側から見れば夜な夜なストリートにたむろする若者、もしくは大勢で集まり騒音を立てる迷惑な不良少年少女たちに見えてしまっているかもしれない（サイファーと呼ばれる輪になってフリースタイルラップする人たちもこれに当てはまるかもしれない）。そのため「ここで騒音を出すな」「ダンス禁止」といった貼紙や立て看板が掲示され、かれらはストリートにいられなくなっている。また、ダンサーやラッパーの活動場所であるクラブも「風営法」で規制対象にされるという事案も記憶に新しい。誰にでも開かれていたストリート空間やクラブにいられなくなったかれらは、一体どこに行けばいいのか、そして先人たちが育んできた「ストリート」の文化は一体どこに向かうのだろうか。ストリートダンスがメディアや教育、国際的なイベントなど社会の表舞台で輝かしく展開する一方で、社会的に都合が悪い側面を隠そうとするかのようにこれらの事象が進展していく日本社会にこそ、筆者はあらためて「経路」の重要性を感じる。

　まったく異なる社会的文脈に持ち込まれた日本のラップやストリートダンスに関する研究は大変興味深いテーマであるが、まだまだ研究蓄積が少ない領域でもある。それゆえ、ファッションやスポーツ、多ジャンルの音楽研究などの他角度からの研究を参考にするなど、工夫や試行錯誤する必要はあるが、その分やりがいがあったり、面白い研究に出会えたりするかもしれない。こうした事象に関心がある人たちにとって、本章が研究のきっかけや困った時のヒントになれば幸いである。　（有國　明弘）

Chapter 7

よさこいにふれる

「合わせ」の様子（2019年6月23日、今年で最後となった、堺よさこいかえる祭りにて、河内連のサポーターが撮影）

第1節　無我夢中

　はじめて高知のよさこい祭りに参加したのは中学1年生の時だった。和風ロック調の楽曲で法被をまとうスタイルこそが「よさこい」だと思っていた僕にとって、よさこいの本場・高知で流し踊り（パレード演舞）で知ったよさこい踊りの「自由」さ、つまり多様性は衝撃だった。色彩も形状も多様な衣装を身にまとい、四つ打ちのダンスミュージックからジャズやサンバを思わせる楽曲、生バンドの演奏、色とりどりのメイク、趣がまったく異なる振付で踊るチームが次々にやってくる。音楽の一部に正調鳴子踊りのフレーズを一節入れることと、木製の打楽器である鳴子を手に持つこと、そして前進することのみが主要なルールなので、さまざまなスタイルの踊りが生まれる、よさこい踊り（内田 2003、矢島 2015）。そしてそれぞれのスタイルを貫く、個々のチームが表現する美学がぶつかりあう時空間こそ、よさこい祭りなのだ（ケイン 2018a）。
　実際に踊り子として地方車（音響照明車）から放たれる轟音を浴びながら1日中パフォーマンスに明け暮れていると、やがて、「無我夢中になって、平常の自らの職業や心配事を放念」する状態、すなわち、エミール・デュルケームが

集合的沸騰と呼んだ「一種の電力が放たれ」たかのような「異常な激動の段階」へと突入することになる（Durkheim 1912=1975: 308= 上389）。デュルケームが集合的沸騰の例で取り上げたのは宗教儀礼だったが、LIVE やスポーツ観戦でそのような経験をした読者も多いのではないだろうか。

ところで、こうした無我夢中の状態とは、どのように生み出されているのだろうか。本章では、よさこいに関わる踊り子たちの姿を介して、人々が駆使し、表現に打ち込む身体と社会との関係性にふれてみたい。

■■ 第2節 ┃ 学習する踊り子たち

よさこい踊りは群舞である。したがって、個々人の肉体の動作を徹底して集団で揃える必要がある。指導者(役)による教授や、鏡を見ながらの練習、本番前の「合わせ」と呼ばれるリハーサル、さらには、SNS にあげられた自チームの動画を見ることで振付を覚えるだけではなく、「観客のまなざし」を内面化し見映えよく踊らねばならない。それは同時に「うつむかない」「胸を張る」「女性の踊り子は膝を内足(膝を内側に折り曲げること)にして『しな』を出す」「男性の踊り子は力強く踊る」といった踊りのポイントやコツ、「群舞の調整が大変なので本番前には練習を休まない」「肌の色味をそろえるために本番では同じドーランを使う」「自他のチームの踊りを見て勉強する」といった、必ずしも明文化されているとは限らないルールの数々を習得し、身体化することが必要となる。

上記の身体化の要素は、あるチームに加入したばかりの新参者が「熟練の踊り子」になる際に必要な道筋ともいえる。レイヴとウェンガーの状況的学習論によれば、新参者が熟練者へと成長するためには、新参者の努力だけでは不十分だという。新参者が熟練者になるためには、その集団（実践のコミュニティと呼ぶ）内で必要とされる技術や知識、ルールや価値観に適切にアクセスする機会や手段がどれだけ確保されているかが重要であるという。要するに、見映えのよい踊り方に関する技術や知識、チームごとのルールや価値観を適切に伝授できる練習環境やチームメイトの役割分担が整っているか否かが、新参者の熟練度合を左右するのである。

また、マルセル・モースは、人々の歩き方や何気ない身のこなしを身体技法

と呼び、そこに刻まれた社会性に注目した。たとえば、先ほどの「女性の踊り子」「男性の踊り子」によって異なる踊りの技法や知識、さらには、振付を男踊り・女踊りとして別の踊りにしたり、男女で異なる衣装を採用するといった、よさこい踊りでは珍しくはない演出・構成に注目してみよう。これは、観客のまなざしにこたえられる見映えの良い演舞を実現するために、社会にあふれるジェンダー、すなわち「男らしさ」や「女らしさ」に関する規範を参照した演出・構成だといえる（加藤 2017）。こうした演出・構成は、踊り子にとっては「踊っているだけ」だが、結果的に、既存のジェンダー観を維持・強化してしまうという意味で社会性が刻み込まれているのである。

　しばしば、よさこいはルールの少なさから「自由な踊り」だと呼ばれる。だが、その「自由」が成り立っているようにみえるのは、ジェンダーをはじめとして、さまざまな社会的なものが——時に「不自由さ」を当人たちに感じさせながら——人々の実践に埋め込まれているからなのだ。

第3節 ┃ 身体技法のルーツをたどる

　さて、もう少し具体的な水準でも、身体技法の社会性は現れる。たとえばメイクだ。図7－1のセルフィー（自撮り写真）では、モノクロではわからないが、8名のうち4名の踊り子のみ、まぶたに赤を、鼻筋に白のラインをひいている。踊り子自身が「赤目白鼻」と呼んでいるこのメイクのスタイルは、よさこい踊りのなかでも「須賀系」と呼ばれるチームが主に採用するメイクとして知られている。須賀系ということばは、よさこい界で著名な振付師・國友須賀氏が代表を務めた須賀連というチームに端を発する、激しい振付と精神的な高揚をもって身体表現に打ち込むスタイルの総称である。そして、上記の4名はいわゆる須賀系のチームに所属している。

　このメイクは1992年、國友須賀氏が演出・振付を担当した高知を代表するチームの1つ、セントラル・グループが採用したものだ。國友須賀氏の息子であり、現・須賀 IZANAI 連の代表・國友裕一郎氏によると、國友須賀氏は、日本の伝統文化・歌舞伎の隈取りをモチーフとして、このメイクを始めたのだという。1992年当時は「男性全員が歌舞伎のいでたちで正しく顔面真っ白にして

図7−1 踊り子たちの自撮り（2017年12月23日、大阪の西成区民センターで開催された「年忘れよさこい」にて）

図7−2 國友須賀氏が振付を担当した当時のセントラルグループ（写真中央が國友氏）

赤で歌舞伎のメイクを模倣したファッションに身を包み」、翌年の作品から「メイクの様子も少しずつ誰でも自分で出来るように工夫をして須賀連が今もしているようなメイク」へと、しだいに簡略化した形式に落ち着いたという（2018年3月14日、インタビュー）。

図7−1の4名の「赤目白鼻」の踊り子（およびかれらが所属するチーム）は、國友須賀氏の踊りの美学を参照するのみならず、25年前に起源をもつ特定のメイクを「みずからの顔にほどこす」という身体技法をも身体化しているといえる。このように、人々が信頼しており、それでいて権威をもつ人が示した行為を模倣することは、モースによって威光模倣と名づけられている。

高知で生まれ、全国各地、そして世界へと伝播したよさこい踊りは、まさに多彩な表現にあふれている。だが、その多彩さは実際には特定の振付師やチームの美学、身体技法を参照し模倣するなかで培われてきた経路をたどることで、別様の景色が浮かび上がるものでもあるのだ。

第4節 どこの／誰の文化？

1954年の高知県で第1回よさこい祭りは開催された。いまや、よさこい踊りは全国各地で、そして国境を越えても踊られている。文化が地理的・社会的な境界を越えて伝わることを文化の脱領土化と呼ぶ。北海道に伝わったよさこい踊りが民謡ソーラン節と結びつけられYOSAKOIソーラン祭りが生まれた

ように、脱領土化した文化はその土地のローカルな文化と交わることで異種混淆性をもった文化へと姿を変えることがある。高知県観光振興部国際観光課が運営する WEB サイトや Facebook アカウントをみれば、国内・海外のよさこい祭りやチームが異種混淆的な美学を表現しながら「自由」に踊っている状況の一端がかいまみえる。

だが、上記の WEB サイトの URL が yosakoi-nippon.jp であり、Facebook アカウント名が Yosakoi KOUCHI JAPAN であるように、異種混淆的な美学は日本というナショナルな枠組みや、高知というローカルな枠組みに、緊密に結びつけられてもいる。その意味では、上記のメディアは高知県観光振興部国際観光課による脱領土化した文化の再領土化の実践の現れだともいえるかもしれない。こうした再領土化の実践は、時折 SNS を駆けめぐる「高知の／日本の文化が世界中で踊られていて誇らしい」といった個々人の投稿にも現れている。

一方で、高知のよさこい祭りに再び目を転じれば、地方車から放たれる轟音には EDM（Electoric Dance Music）やロックといったグローバルな音楽ジャンルの履歴が埋め込まれており、踊り子の身体技法にはバレエやジャズダンスといった、これまたグローバルに踊られているダンスの技法の痕跡が刻まれている。遠藤薫は、手近なモノを組みあわせて道具を作り出すという意味をもつブリコラージュ（器用仕事）というレヴィ＝ストロースのことばを引用しつつ、よさこいをローカル／ナショナル／グローバルな枠組みを揺さぶる「ブリコラージュの極致」と表現した（遠藤 2014）。ブリコラージュのなかで生まれた創造性に目を向けなければ、どこの文化／誰の文化と、簡単には言い切れない。

■ 第5節 ┃ 踊るための条件

さて、扉絵の写真の左端には、子どもが鳴子を持って踊っている姿が映り込んでいる。この子の親はまさに「合わせ」の最中だ。この時、親である踊り子は、家族としての生活を送りながら、同時に、よさこいの踊り子としての趣味的な活動を生きているといえる。ベルナール・ライールは、仕事や家庭といった要因で断続的にしか執筆活動を行うことのできない文学作家たちの状況を二重生活と呼んだが（Laire 2012＝2016）、よさこいの踊り子も、学校や仕事、家族

やパートナーとの関係などに条件づけられるなかで、時間や金銭といった有限の資源をふりわけながら、はじめて踊り子として舞台に立っているのである。その意味では、集合的沸騰で無我夢中になるためには、その何倍もの冷静な調整が必要だといえよう。

　ここで、「ダンサーが踊るのを止めれば、ダンスは終わる」というブリュノ・ラトゥールのことばを引用したい。ラトゥールのことばは、ダンスに限らず、目の前の出来事は実際には安定しておらず、きわめて不確実なものだ、ということを示唆している。よさこい祭りも同じだ。身体技法を駆使する踊り子を取り巻く条件や状況、観客の動向、祭りの運営にあたるスタッフの準備、轟音を放つスピーカーの性能、地方車の設備、地方車の運転手の技量、警備員の取り締まり、祭りの会場となる商店街や公園の舞台としての適性、各地から集う踊り子や観客を輸送する飛行機や高速バスや自動車といった移動手段、それらが行き来する飛行場・高速道路の整備といった、ヒトやモノの組み上げ（コンポジション）がなければよさこい祭りは存在しない。この組み上げがほつれてしまえば、よさこい祭りの集合的沸騰は姿を変えるか、消失してしまう。チームや祭り関係者といった人々のつながり（社会的紐帯）も、同じだ。それらは実際には、いともたやすく移り変わってしまうにもかかわらず、今現在はその形式でたまたま目の前に現れているにすぎないのである。

　だからこそ、ヒトやモノ（物質、物体）の行為主体（アクター）がいかに組み上げられ、目の前の出来事を成り立たせているのかを丹念に調べることが大切なのである。それができれば、人々が駆使し表現を生み出す身体と、いったん「社会」と呼んでいた漠然としていた何かとの関係性を、具体的に知るための手がかりにふれることができるはずだ。

（ケイン　樹里安）

【図書案内】
長友淳編，2017，『グローバル化時代の文化・社会を学ぶ——文化人類学／社会学の新しい基礎教養』世界思想社．：異種混淆性、文化の脱領土化／再領土化といった文化のグローバルな越境性に関するキーワードを学ぶのに最適の書。コンパクトさも魅力。
岡井崇之，2019，『アーバンカルチャーズ——誘惑する都市文化，記憶する都市文化』晃洋

書房．：教育機関、国民文化祭、オリンピック、そして万博。よさこいを「つかう」ことで人々を動員するイベントが立ち現れている。その時、文化は誰のモノになるのか。こうした問いの手がかりに。

【引用文献】

Durkheim, Émile,1912, *Les Formes Élémentaires de la vie Religieuse : Le Système Totémique en Australie.*（古野清人訳，1942，『宗教生活の原初形態（上）』岩波書店．）

遠藤薫，2014,「〈盆踊り〉と YOSAKOI の間に――グローバル／ナショナル／ローカルのせめぎ合う場としての現代祝祭」東谷護編『ポピュラー音楽から問う――日本文化再考』せりか書房．

加藤秀一，2017,『はじめてのジェンダー論』有斐閣ストゥディア．

ケイン樹里安，2018,「よさこい踊りの快楽と美学、そして謎」有田亘・松井広志編『いろいろあるコミュニケーションの社会学』北樹出版，42-45．

Mauss, Marcel,［1936］1950, "Les techniques du corps," *Sociologie et anthropology*, Presses Universitaires de France,363-386（有地亨・山口俊夫訳，1976,『社会学と人類学Ⅱ』弘文堂，121-156．）

Laire, Bernard, 2012, *Monde Pluriel: Penser L'unite des scences sociales*, Seuil.（村井重樹訳，2016,『複数的世界――社会科学の統一性に関する考察』青弓社．）

Latour, Bruno, 2005, Reassembling the social: An introduction to Actor-Network-Theory, Oxford: OUP.（伊藤嘉高訳，2018,『社会的なものを組み直す――アクターネットワーク理論入門』法政大学出版会．）

Lave, Jean. and Étienne Wenger, 1991, *Situated Learning: Legitimate peripheral participation*, Cambridge University Press.（佐伯胖訳，1993,『状況に埋め込まれた学習――正統的周辺参加』産業図書．）

内田忠賢編，2003,『よさこい／YOSAKOI 学リーディングス』開成出版．

矢島妙子，2015,『よさこい系祭りの都市民俗学』岩田書院．

研究のコトハジメ：「愛」とよさこい

轟音を発する地方車に向かってパレードする、ダンスクリーム AZUKI の踊り子たち
（2019 年 8 月 10 日、11 日、高知のよさこい祭りにて）

よさこい踊りを研究テーマにしたのは偶然だった。大学院でTA（ティーチング・アシスタント）として調査実習に関わるなかで、写真を使った調査方法・成果物であるフォト・エスノグラフィを自分もつくることになり、はじめて長年の趣味と向きあったのだった。それまで調査対象にしなかったのは「近すぎる」と思っていたからだ。要するに「愛が深すぎ」て、一度調査対象にしてしまうと、もう二度と楽しめなくなりそうなので、調査をする気などまったくなかったのである。

　とはいえ、実際に始めてみると、大変おもしろかった（興味深かった、という意味で）。1人のよさこい人として観ていたよさこい界の景色が大変狭いものであったこと、そんな狭い部分で起こっていることすら、実はちゃんとわかっていない——踊り子が「踊り子になる」ために15の行為が必要だなんて思いもしなかった！（ケイン 2017）——ことを知ったのだった。

　伝統的だとされている物事が、実際には比較的新しくつくり出され、さらには変容し続けていることを、エリック・ホブズボーム（E. Hobsbawm）は**伝統の創造／創られた伝統**と呼んだ（Hobsbawm 1983＝1992）。たとえば、本章で伝統文化と表現した歌舞伎も、実際には戦時下において、その表現技法や演目が大いに移り変わって今に至る。戦後生まれのよさこいも、すでに70年ほどの歴史を重ねるなかで、大いにその姿を変えてきた。ということは、人々がよさこいについて向けるまなざしも異なるはずだ。少なくとも、大阪のよさこいに親しむ僕が高知のよさこいに向ける2019年のまなざし——なかば**観光のまなざし**でもある（第5章参照）——と、1954年に第1回高知よさこい祭りに臨んだ高知市民のまなざしは、おそらくまったく異なっている。いま、自分に見えているもの、見えていないものは、いったいなんなのか。地方車が発する轟音に身をふるわせ、まばゆい光に目をくらませ、チームによって異なる集合的沸騰のあり方に魅了されながら、今日も考え続けている。

（ケイン　樹里安）

Hobsbawm, Eric and Terence Ranger, 1983, The Invention of Tradition, Cambridge University Press（＝1992, 前川啓治・梶原景昭訳『創られた伝統』紀伊國屋書店.）
ケイン樹里安, 2017,「『踊り子』とは誰か——よさこいとナショナリズムの共振をめぐるフォト・エスノグラフィ」『市大社会学』14: 34-51.

64　第7章　よさこいにふれる

Chapter 8

身体にふれる

第1節　身体について考える

1．身体と社会

　この章では、わたしたちが思い描く「理想の身体」について考えたい。熱烈であれ、ぼんやりとであれ、わたしたちの誰もが一度は理想の身体、つまりなりたい体や顔について考えたことがあるだろう。毎朝鏡を見るたび、ほかの人を素敵だと思った時、洋服を試着してみた時、そんな日常のふとした瞬間に抱く「こうなりたい」という思いを手ががかりに社会学にふれてみよう。

　身体はそれぞれに違いはあれど、わたしたち全員が所有しているあまりにも「身近な」対象である。それゆえに看過されることも多い。だから理想の身体について論じる前に、まず「わたしの身体」を「わたし」から切り離して、社会的にどのような意味をもつものかを考えてみよう。

　身体をどのようなものとして考えるかについては2つの立場がある。本質主義と構築主義、または自然主義的身体観と社会構築主義的身体観（Shilling 1993）といわれるものだ。ことばは難しいが、この2つの立場の違いは明快だ。前者は人間の身体を生物学的なものと見なし、われわれの行動の多くは生物学的な要素をもって決定されるとする。分泌されるホルモンの違いで、男女の性格の違いを説明するような論は、本質主義的な立場から人間の行動を分析して

65

いる。つまりここではどのような身体か（男性か女性か）が、どのような性格（精神）かを決定しているとされる。なるほどたしかにこうした男女の違いはあるかもしれない。そのほかにも思春期などにホルモンバランスが乱れると攻撃的になってしまうこともある。たしかに身体は行動や精神に影響を与えている。

しかし世の中には、「男まさりの女性」もいれば「女々しい男性」もいる。また生物学的な身体と性自認が異なっている人たちもいる。そもそも「男だから◯◯」だとか「女だから△△」といった生物学的な性によって、人間の本質は決まっているのだろうか。こうして本質（があること）を疑うのが構築主義というもう1つの立場だ。

身体を社会構築主義的立場から論じるということは、文字通りわたしたちの身体は社会によって作られているものだと考えることだ。もっと詳しく言えば、私たちがどのような身体をしているかは、社会でどのような身体が良いとされているかに大きな影響を受けていると構築主義は考えるのだ。具体例を出してみよう。たとえばある男性が体を鍛えるのは、男性ホルモンの影響で闘争本能が強いからではなく、その男性が生きる社会が鍛え上げられた身体を「男らしいいい体」だと見なしているからこそ、それを目標にするのである。このように社会の影響を受けて身体に対する考え方が方向づけられ、その考えのもとで身体ができる。こうしたことを難しくいえば、「理想の身体像や私たちの身体そのものは社会的構築物である」と表現できる。社会学は身体についてこの立場から研究を積み重ねてきた。

私たちがヒトという生き物である以上、完全に生物学的な身体を無視することはできない。しかし社会と身体の関係について考えるという目的のために、ここからは社会構築主義の視点から理想の身体を考えてみることにする。

■2．身体と「わたし」

理想の身体という本題に入る前にもう少し寄り道しよう。身体と社会がどのような関係にあるのかはわかった。では、「わたし」と身体はどのような関係にあるだろうか。

答えは単純で身体は「わたし」のアイデンティティと深く結びついている。「どのような身体をしているか」「どのような身体になりたいのか（またなりたく

ないのか）」はアイデンティティを形成する大きな要素だ。もっと簡単に言えば、自分がどのような人間であるかを説明する時に、身体は欠かすことのできない要素になっている。身長185cm の日本人女性は、自分は女性のなかでは背が高い、と自分自身を説明するし、トレーニングに励んでいる人は自分は人よりスタイルが良いという自負をもって自分のことを説明するかもしれない。

　自分の印象を操作することについて深い洞察を残したゴフマンという社会学者がいる。ゴフマンによれば、身体は特定の自分（見せたい自分）を作り上げるための資源として用いられる。役者になったと思って考えてほしい。堂々とした人物を表現したい時は胸を張るし、逆に頼りない人物の役の時は肩をすくめて内股に立ってみるだろう。このような「演技」は何も劇を演じる時だけに見られるのではない。大学で友人と過ごす時、授業でのプレゼンテーション、バイトの面接、はじめてのデート、さまざまな場面に応じてわたしたちが装いや身体の動かし方を変えるのも自分の印象を操作するために行う「演技」である。その場において自分はどのような人なのかまわりに伝えているのだ。このようにしてどのような身体なのかは、その人がどのような人物かを表す手段になるのだ。

　こうした「演技」は自発的に行われるものだけではない。章の冒頭の写真は筆者の口紅のコレクションの一部である。これは単に筆者の化粧品好きが高じたコレクションではない。職場での規則や冠婚葬祭などのマナー、流行などに対応していくうちに集まったものである。どんな色の口紅を塗っているかは、ある程度その人の印象を左右する。その認識に基づいて、その場にふさわしい人物に見えるように規則やマナーが存在し、女性はそれに対応することで「演技させられている」のである。

　まとめるとわたしたちは身体を用いて自発的にアイデンティティを表現し、また時に能動的に求められている人物像を作り出すために身体を利用している。そしてまた逆にどんな身体であるかがわたしたちのアイデンティティの一部となっている。

第1節　身体について考える　●　67

第2節 ┃ 「理想」という規範

■1.「美しいもの」など存在しない

　身体と社会と「わたし」の関係が整理できたところで、次は理想の身体についてもっと掘り下げて考えてみよう。どうしてある容姿を美しいと思うのかについて、理由は色々と説明できる。たとえば数学的に説明するならば黄金比というものがある。縦横の長さの比率が1：1.618となる比率のことで、古代ギリシャの時代からこの比率の長方形がもっとも美しいとされてきた。ギリシャのパルテノン神殿やフランスの凱旋門など世界的に著名な建築物にもこの比率が使われている。人の顔にも目鼻口などパーツの配置には黄金比があるとされる。インターネットで黄金比マスクと検索するとすぐに見つけることができる。また生物学的視座から美しくあるということを考えてみると、生殖にもっとも適した条件をもつ個体を美しいと認識していると論じることもできるかもしれない。

　しかし、社会学者が「何が美しいのか」「どうしてそれが美しいのか」について論じる時にはそのような考え方はしない。社会学者はそもそも本質的に美しいものなどないと考える。その社会で何が美しいとされるかは、その社会の構成員の大多数が共通してもつ認識によって決定される。つまり絶対にこれはいつ誰が見ても美しい（本質的に美しい）というものは存在せず、美の基準は絶えず揺れ動いているのである。平安時代の美人と現代の美人が明らかに異なった容貌をしていることを考えれば、こうした社会学者の考え方はとりわけ人の身体については納得できるものではないだろうか。

■2.読み解かれる身体

　「理想の身体」の揺れ動きについて、BTS（防弾少年団）という韓国の男性アイドルグループの例をあげてみたい。もし詳しくなければ「BTS腹筋」や「BTS肉体美」などと検索して、彼らの身体を見てみてほしい。写真を見てどんな印象を抱いただろうか。割れた腹筋を見て「男らしい」と思う人もいれば、化粧を施した顔を見て「ジェンダーレスだ」とか「女みたいだ」と感じる人もいるかもしれない。ここから言えるのは、ある身体を見てどのような印象を抱

くかは、見る人（他者）に委ねられていて、どんなに努力をしても完璧に本人がコントロールすることができないということだ。

そしてなぜ著者がBTSを身体の読み解かれ方による揺らぎの例にあげたかというと、以下のような出来事があったためである。2019年1月、前年のコンサートのソウル公演の映像がロシアの映画館で上映されることが決定したが、南部のダゲスタンとチェチェンでは上映は中止された。これはイスラム教のグループが、BTSのメンバーの容姿は男らしくなく、彼らは同性愛者であり映画公開はチェチェン民族への侮辱にあたるとSNS上で抗議したためであった。映画のどの点が侮辱であるか、またどこが男らしくないかは詳しく説明されていない。そのためインターネット上では、韓国の同性同士でもスキンシップを好む文化が誤解されたのだとか、メイクや染髪、細身の体が問題視されたのだなどさまざまな憶測がなされた。日本や韓国、東アジアの人々にとって、スキニーに鍛えられた身体や染髪は強く同性愛を連想させるものではない。おしゃれだという肯定的な印象を抱かせることもある。この事例からは、ある身体にどのような印象を抱くかは、個人の嗜好を超えて社会的文脈が強く影響を与えているのだとわかる。こうした文化の違いによる「誤解」はBTSのみならず、ほかの韓国のアイドルや日本のジャニーズなどにもみられる現象である。

一般の人々が「魅力的でありたい」や「不快感を与える容姿にはならないでおこう」と考え努力する以上に、BTSのようなアイドルは人々の理想の身体を追求し、具現化しようとする。しかし以上の例からわかるように、そうしたアイドルでさえ、ある社会から違う社会に移動すれば、配置される文脈も変化し、身体（のイメージ）の読み解かれ方も変わってしまう。そうであるならば、「理想の身体」に対する他者との共通の認識をある程度の確認しながらでないと、わたしたちは「美しい身体」や「理想の身体」を達成できないということになる。卑近な例を出すと、ある学生がはじめて会うクラスメイトに「この人かっこいいな」とか「綺麗な人だな」と思ってもらいたければ、本当は自分はどんな身体を良いと思うかに関係なく、社会的に良いとされる身体を追求しなくてはならないということになる。たとえば、「痩せている人がかっこいい人」「歯並びが整っている人が綺麗な人」という常識が共有されている社会であれば、その学生はダイエットや歯列矯正をしなくてはならない。

第2節 「理想」という規範　●　69

そのようなことが社会のそこかしこでくり返されていくうちに、「こういうものが美しい身体なんだ。みんなこれを目指すべきなんだ」という社会規範ができてしまい、わたしたちは社会的に理想とされる身体を強制されることになる。そして厄介なことにBTSの例からわかるように、社会によってその規範は異なっている。

■ 第3節 ┃ 抵抗の場としての身体

　次に社会的に構築された理想を追い求めないことについてふれたい。どのような身体になりたいか思い浮かべた時、鼻が高いとかプロポーションがいいなど社会で広く共有される「良い」身体とはまったく別の姿を思い浮かべた読者もいるだろう。体毛を処理しない自然なままの身体が良いとする女性もいれば、丸みを帯びた柔らかな身体になりたい男性もいる。社会には多様な価値観がある。

　しかしそうした社会構築的な「理想の身体」を追い求めない人々を多様である、と一言で済まさずに、もう少しだけふみ込んでみよう。社会規範に縛りつけられた「理想の身体」を目指さない人は、社会から自由に自分の身体のあり方を自己決定しているだろうか。

　実は必ずしもそうとはいえないのである。たとえば海外の女性スターが体毛を処理していない姿を撮影し、その姿が自身にとって美しい身体であると世間に公表することがある。こうした行為はフェミニズム的な立場、つまり今ある女性の望ましい身体に対する考え方に疑問を投げかけようとして行われることが多く、社会的な文脈から完全に独立してできあがった理想ではない。こうしたみずからの身体を用いて既存の社会の秩序や規範を壊そうとすることを対抗的刻印という。こうした時、その人の身体や理想は抵抗というかたちで社会とつながっているといえる。

■ 第4節 ┃ わたしのまなざし

ここまでは主に他者のまなざしと身体の関係について論じてきたが、もちろ

ん身体の構築について自分のまなざしも重要なアクターになる。最後にそのことについてふれておきたい。

　わたしたちが自分の身体をいいのか悪いのか判断する時には、必ず社会規範が関わっていた。そして社会規範はBTSの例からもわかるように、集団や社会で異なっている場合がある。たとえばギャルファッションを好む集団において金髪に染めることはおしゃれや自己表現の１つだが、一般企業に勤めるサラリーマンにとって過度な染毛は非常識なことだ。つまり、どの集団の価値観に従うかで自分の身体のとらえ方は変わってくる。そのような自分の評価や態度を決める基準になる集団を準拠集団という。準拠集団は実際に属している集団だけではなく、所属したいと願う集団の場合でもある。Ｋ-ＰＯＰアイドルが好きな人が、「韓国人みたいになりたい」とかれらのファッションや化粧を分析し真似する場合などは、所属していない集団が準拠集団になっている例である。つまりここでは、「私」が自分で選んだ集団を基準に「わたし」に向けるまなざしが身体のあり方に強く影響を与えている。

　このようにして、ある集団に所属したい他者のまなざしがその身体や装いの「らしさ」や「っぽさ」を抽出し、強化していく場合もあれば、その集団にまったく参加していない人が、「○○って集団は△△が特徴だよね。○○集団の人はみんな△△なんでしょ？」と決めつけてまなざすことで、「らしさ」が強化されてしまう場合もある。そしてそのまなざしは誰もが悪意なく向ける可能性があるのだ。

　さてこの章の議論をまとめると、身体が作られる時他者のまなざしや社会的文脈がとても大きな役割を果たしていた。自分の「こうなりたい」という理想は、単に自分のなかから自然発生的に湧き出たものではない。理想の身体と社会規範は強く結びついている。そうしたことを窮屈に、もしくは怖く思うかもしれないが、私たちはただ「他者」や「社会」に振り回されているだけではない。どの集団（社会）の規範に従うかを自分で決めている場合もあるので、完全に不自由なわけではない。そして最後に忘れてはいけないのは、誰かにとっては自分こそが窮屈を強いるまなざしの主でもあるのだ。

（喜多　満里花）

【読 書 案 内】

マーゴ・デメッロ，兼子歩他訳，2017,『ボディ・スタディーズ──性、人種、階級、エイジング、健康 / 病の身体学への招待』晃洋書房）：多様な事例を用いて身体に関する理論をわかりやすく解説している。社会学だけでなく、人類学やフェミニズムについても詳しく解説されており、身体に関心をもつ学生の入門書として最適。

谷本菜穂，2018,『美容整形というコミュニケーション──社会規範と自己満足を超えて』花伝社．：美容整形という身体改造をインタビュー調査や言説分析を用いて論じている。女性の身体と美について関心のある学生に推薦したい。文章表現も読みやすく、取り掛かりやすい一冊。

【引 用 文 献】

Shilling, Chris, 2013, *The Body and Social Theory*, London: SAGE publications.

研究のコトハジメ：「なりたい」を疑う

「理想は藤井リナの唇」私がまだ高校生だった頃、流し読みしていたファッション誌の美容コーナーにこんな一文があった。当時人気モデルだった藤井リナの写真とともに、シワのない保湿ケアの行き届いた唇を手に入れるための指南が掲載されていた。今となってはもう何が私を突き動かしたのか覚えてはいないが、その記事を読んで以来10年間、私は膨大な量のリップクリームを費やしシワのない唇をキープしてきた。

しかし昨年読んだファッション誌には、流行のメイクとして唇にわざとシワを書き足すメイクが紹介されていた。今やリップクリームがなければ、1時間と過ごせない私にとってその記事はかなりの衝撃を与えた。なんて無責任な！　そんな怒りさえ込み上げてきたほどだ。

最近のファッションやメイクの流行のキーワードの1つに「エフォートレス」がある。つまり努力しすぎないこと、自然なことが「今っぽい」のであって、シワのない唇とか左右対称の巻き髪とかは気合が入りすぎててちょっとダサいのである。こうした事例からもわかるように、「何が綺麗か」「何がイケてるのか」ということは流動的で、決して固定されたものではない。私の場合は時間を移動する事でその変化に気がついたが、読者の中には場所や集団を移動する事で、そうした自分の認識と社会的によいとされるもののズレに気づいたことがある人もいるだろう。

逆にいえば、「今ここ」にいながら自分が持っている常識に疑問をもつことは、難しいことなのかもしれない。とくに「身体」や「美」について考える時、私たちはかなりどっぷりと「常識」に浸っているような気がする。足を長く見せたい。痩せたい。目を大きくしたい。シミひとつない肌になりたい。そうした自分の願望について、どうしてそれを抱くのかまで立ち返って考えることはなかなか難しい。そんなことを考える余裕もなく、常に私たちはそうした願望に追い立てられている。

社会学は常識を疑う学問であるとよく表現される。今一度、私たちはどうして美しくなりたいのか考えてみよう。また今私たちの多数が美しいとするもの（たとえば二重や小さな顔）について、どうしてそれが美しいとされるのか考えてみよう。今、自分が持っている常識、つまり社会の多くの人が共有している認識を徹底的に疑ってバラバラに分解してみること、それが身体や美を社会学的に考えることの始まりである。

(喜多　満里花)

Chapter 9

レインボーにふれる

■ 第1節 ┃ レインボー、「LGBT」、「ダイバーシティ」の普及？

■1．レインボーにあふれる街

　ゴールデンウィークの渋谷・原宿。大きな商業ビルの近くに、レインボーののぼりが立っている。窓にレインボーを装飾している服飾店やコーヒー店もある。街ゆく人の持つショッピングバッグにも、レインボーが混じる。しかし、この街で過ごす人の多くは、そのレインボーの意味をよく知らない。それでも、「なんか社会的にいいことに関係しているらしい」ぐらいのぼんやりした認識で、たまたま手にしたレインボーグッズの写真を撮ってSNSにアップし、「インスタ映え」を狙ったりする人もいる。午後になると、車両が一部通行止めになり、レインボーがさらに道路に大挙して押し寄せる。レインボーグッズを持ってにぎやかに車道を練り歩く人たちを見て、「何かのパレードらしい」ということぐらいは想像がつく。何のパレードなのかを正確に理解している人は多くない。それでも、なんとなく遠目に見て動画を撮ってSNSにアップしてみたり、もう少し関心があれば近くから手を振ってみたりする。

　これは、東京レインボープライドが開催されている日の街の様子の描写である。東京レインボープライドは2012年から毎年（2019年現在）行われているイベ

ントで、「LGBT をはじめとするセクシュアル・マイノリティの存在を社会に
広め、『"性"と"生"の多様性』を祝福するイベント」（東京レインボープライド
Web サイトより）である。この前身として、東京レズビアン＆ゲイパレードが
あった。そして、6色のレインボーフラッグは、セクシュアル・マイノリティ
のコミュニティの象徴とされている。

■ 2．「LGBT」「ダイバーシティ」ということばの一人歩き

　今記述したようなレインボーにあふれる街の様子は、全国各地でもプライド
パレードが実施され始めているとはいえ、まだまだ東京特有のもので、地方に
住んでいる読者にはいささかリアリティが伝わりづらいかもしれない。しかし、
それでも各種メディアや SNS で「LGBT」、もしくは「ダイバーシティ（多様
性）」といったことばを目にする機会は増えてきたのではないだろうか。

　しかし、目にふれる機会が増えたからといって、そうしたことばについてみ
ながきちんと知るようになったとは限らない。むしろ、「LGBT」「ダイバーシ
ティ」といったことばが、その意味や歴史的背景を理解されることなく、メデ
ィア上で一人歩きしてしまっているようにもみえることがある。そこで本章は、
レインボー、「LGBT」、「ダイバーシティ」について、丁寧に理解し考えるた
めの第一歩となることを目指し、性の多様性の歴史と現状を概観する。

■ 第2節 ┃ さまざまなセクシュアル・マイノリティ

　「ダイバーシティ」の一つの要素として、日本でも近年ようやく「LGBT」
の存在が認知されてきた。以下では、「LGBT」を含むセクシュアル・マイノ
リティについて考えていきたい。その際、まずは性自認（ジェンダー・アイデン
ティティ）と性的指向（セクシュアル・オリエンテーション）という概念が必要にな
る。性自認とは、自分が自身の性別をどのように認識しているかである。性的
指向とは、自分がどのような対象（性別など）の人に恋愛的・性愛的に惹かれ
るかである。

第2節　さまざまなセクシュアル・マイノリティ　　75

■1.「L」「G」「B」「T」とは何か

L（レズビアン）は女性同性愛、G（ゲイ）は男性同性愛である。同性愛とは、みずからの性自認と性的指向が向く性別が同じということである。

B（バイセクシュアル）は、両性愛であり、性的指向が男性と女性の両方に向くことである。

T（トランスジェンダー）は、広義には、生まれた時に割り当てられた性別と性自認が異なる人のことを指す。トランスジェンダーのなかには、とくに身体に対する違和感が強く、自分が所有している身体を性自認に合わせる、性別適合手術（SRS）を望む人もいる。そうした人のことをとくに「トランスセクシュアル」と呼ぶこともある。

■2.「LGBT」以外のセクシュアル・マイノリティ

一通り「LGBT」の各項について説明してきたが、「LGBT」はあくまでも、代表的なセクシュアリティの頭文字を並べることで、セクシュアル・マイノリティの総称として機能してきたにすぎない。そのほかのセクシュアリティの一部を紹介したい。

まず、性別は男性と女性の2つしかないわけではない。自分が男性でも女性でもないという感覚を抱いている人も一定数いる。そうした人たちのことをとくに日本ではXジェンダーと呼んでいる。

性別が2つではないということは、性的指向も必ずしも2つの性別のみに向かなくてもよいということである。性的指向がすべての性別に向く人、ないしは性別に関係なく人を好きになる人のことを、パンセクシュアル（P）と呼ぶ。

また、他者に対して性的欲求を抱かない人のことはAセクシュアル・恋愛感情をもたない人のことはAロマンティック（A）、自分のセクシュアリティについて、迷っていたり、わからなかったり、決めかねていたり、もしくはあえて決めないというスタンスをとっていたりする人のことは、クエスチョニング（Q）と呼ぶ。

第3節 ┃ セクシュアル・マイノリティの運動の歴史

　次に、こうしたセクシュアル・マイノリティたちが、歴史上どのように権利獲得運動をくり広げてきたのかを紹介する。ただし、紙幅の都合上、同性愛者、それも主にゲイの運動に絞って紹介することを断っておきたい。トランスジェンダーの歴史については、たとえば米沢編著（2003）を参照してほしい。

■1．ゲイ解放運動

　1969年6月28日にストーンウォールの反乱が起きた。これは、ストーンウォール・インというニューヨークのゲイバーに警察が捜査で侵入してきた際に、セクシュアル・マイノリティが真っ向から対立して反乱を起こした事件である。
　このストーンウォールの反乱を皮切りに、同性愛者の権利を主張するゲイ解放運動が始まった。翌年の1970年にはニューヨークで最初のプライドパレードも開かれた。1973年には、アメリカで同性愛が医学的に異常ではないとみなされるようになった。そして1977年には、サンフランシスコにて、ハーヴェイ・ミルクがゲイとして初の市議会議員に選ばれた。

■2．エイズ危機

　1980年代には、エイズ危機が訪れる。これはエイズと認定された初期の事例に男性同性愛者が含まれていたこと、そしてエイズを発現させるHIVウイルスが急速にゲイコミュニティ内で広まったことにより起きた。実際にはゲイではない感染者もいたのだが、当時の世間には、ゲイであることとHIV感染／エイズ発症は強い結びつきをもつととらえられてしまい、ゲイへの偏見や差別を助長した。

■3．クィア・ムーブメント、クィア・スタディーズ

　エイズ危機を経て、1990年代に生まれたのが、クィア・ムーブメントという運動であり、クィア・スタディーズという学問分野である。「クィア（queer）」とは、「奇妙な」という意味のことばであり、同性愛者を侮辱する侮蔑語として使われてきた。しかし、この運動および学問分野では、クィアということば

第3節　セクシュアル・マイノリティの運動の歴史　● *77*

を当事者たちの手に取り返し、「私たちはクィアよ。それが何か？」という開き直り・問い直しの戦法を行うようになった。

　クィアな視点では、差異をもった個人同士がどのように連帯できるのかが模索される。たとえば、レズビアンとゲイだけを取り上げても、状況の違いはかなり大きい。それらを安易に一緒にしてしまわず、そのなかで連帯の方向性を探ることが目指された。また同時に、アイデンティティを固定的なものであると考える本質主義的な思考の危うさに批判的であることも、クィアな視点の特徴である。

■ 第4節 ┃ フェミニズムの歴史

　今まで見てきたように、セクシュアル・マイノリティに関しては、過去から現在に至るまで、さまざまな運動や実践がある。それについてわたしたちはどのように考え、評価したらよいのだろうか。それを考えるための参考として、性別による社会的格差を是正する運動・思想としてのフェミニズムがたどってきた歴史を概観したい。

　まず、フェミニズムは第一波フェミニズムとして19世紀後半から20世紀前半にその運動がくり広げられた。ここでは、主に法的な「男女同権」の実現に焦点が当てられた。とくに、女性による普通選挙権の獲得は大きなテーマであった。

　1960年代以降にくり広げられた第二波フェミニズムでは、「個人的なことは政治的なこと」をスローガンとし、社会の制度や慣習のなかに残る女性差別を正すことが焦点とされた。一見「個人的なこと」にもみえる女性差別を一つひとつ正していくことで、結果的に社会的な抑圧全体を是正できるという考えのもとの運動である。

　この第二波フェミニズムを大きく支えた概念として、「ジェンダー」ということばがある。このことばは主に社会的・文化的な性別・性差を表すのに用いられる。それまでは生物学的性別であるセックスだけで男女について考えられていたので、「男女は生物学的な性別が異なるから、社会的な能力や権利も異なるのだ」という主張が一見正しいかのようにみえてしまっていた。しかし、

ジェンダー概念を導入することで、「男女は生物学的な性別が異なるかもしれないが、それと社会的・文化的な性差は異なる」といえるようになった。

実は、1990年に、クィア・スタディーズの代表的論者でもあるジュディス・バトラー（J. Butler）の登場によって、「セックスは、つねにすでにジェンダーなのだ」（Butler 1990: 7）といわれるようになる。それは、生物学的性別というものそのものが、科学的言説のなかで「構築された」ものにすぎない、よってセックスもまた文化的構築物であるといえるという主張だ。この主張は現在に至るまで影響を与えており、非常に重要なのだが、まずはジェンダーとセックスはいったんは区別されてきたものだということを理解してほしい。

第二波フェミニズムのあとに出現したポストフェミニズムは、ネオリベラリズムと呼応した状況である。ネオリベラリズムとは、福祉国家の危機に対応して1980年代以降の先進国で登場した、市場原理主義に基づいて、個人がグローバル市場に責任と自由を併せもって参入することで国家が資本を蓄積できると信じ、それを行おうとする政治思想である。

ポストフェミニストは、第二波フェミニズムを批判しつつ、社会的な連帯をせずとも、女性個人が市場のなかで価値を発揮すれば、女としての自分は認められると主張する。それは具体的には、ネオリベラリズムに由来する自己責任のレトリックを内面化し（Walkerdine 2003: 239-41）、自身の女性身体とセクシュアリティを重要なアイテムとして用いながら（Gill 2007: 156）、「自分らしさ」を求めて日々労働することである。

さらにポストフェミニズムにおける女性表象の変化に影響されつつも、ポストフェミニズムのあり方を批判して登場したのが、第三波フェミニズムである。ウォーカーダインによれば、ネオリベラリズムのなかで要請される自己管理や自己責任は「女らしさ」を形づくるために長年要請されてきたものであり、ネオリベラリズムと「女らしさ」はある種の共犯関係にあった（Walkerdine 2003: 238）。よって女性は、一方で労働者として重宝されつつも、もう一方で女性であるがゆえに労働者としての市場価値が削減された場合、たとえば出産・育児によって労働可能時間が減った時には、簡単に労働市場から切り捨てられてしまう。このような、ネオリベラルな性差別構造を、女性たちの新しい連帯を考え出すことで乗り越えようとするのが、第三波フェミニズムである。

第4節　フェミニズムの歴史　79

第5節 ┃ 「LGBTブーム」を超えて

　性の多様性とそれにまつわる実践について考えるために、フェミニズムの歴史をたどってきた。フェミニズムは一言では語れないほどの多様な形態へと絶えずアップデートを続けながら、性差別構造と向きあってきたといえる。これをふまえながら、冒頭の問題意識に立ち返り、性の多様性を守るために注意すべきことについて考えてみたい。

　冒頭であげたように、近年は「LGBT」ということばが浸透し始め、レインボーアイコンも街中でそれなりに見られるようになってきた。「LGBTブーム」ということばすら、目にすることがある。しかし、手放しで喜べる状況ではない。それはともすると、「レインボープライドの時期にレインボーをつけたグッズを売ると、よく売れるから」というマーケティング的な理由で企業がレインボーを商業利用しているだけにすぎない可能性もある。言い換えれば、ポストフェミニズムの説明で述べたような、ネオリベラリズム下のグローバル資本主義が、市場における資源としてレインボーを利用してるともいえる。

　また、「ダイバーシティ・マネジメント」ということばがあるが、これは企業が多様な性別、国籍、人種、出自、障害の有無、性自認・性的指向などの人を雇用しようとする試みである。一見良いことのように思えるが、これを企業が採用する理由をよく考えてみる必要がある。一つには、多様な人材が集まる方が企業内の創発性が高まって生産性が上がるといわれる。もう一つには、ダイバーシティに取り組んでいること自体がポジティヴなイメージになる時代であるという側面がある。いずれにせよ、行き着く先は企業の利益拡大なのであり、経済的損得を勘定に入れず人権を純粋に守ろうとしているわけではない場合も多い。このようなコマーシャリズム（商業主義）に取り込まれたダイバーシティは、いつかダイバーシティが世の中にとって商品価値のないものだと思われた時に、マイノリティが再び一気に排除されてしまう危険性をもつ。これは、ポストフェミニズム状況において女性が労働市場で重宝されつつも、市場価値を失うとすぐに切り捨てられてしまう危険性があることと、パラレルな事態である。

　「LGBTブーム」を超えて、多様な性をもつ人たちがつねにその生を保証さ

れるために、どうしたらよいのか。手放さずに考え続ける必要がある。

(中村　香住)

【読 書 案 内】

加藤秀一，2017，『はじめてのジェンダー論』有斐閣．：ジェンダーということばから広がる
　　「ジェンダー論」のさまざまな領域について、丁寧に、かつ簡潔に説明している。ジェン
　　ダー論の幅広さにふれたくなった人におすすめ。

森山至貴，2017，『LGBTを読みとく──クィア・スタディーズ入門』：LGBTに関する基礎
　　知識から、セクシュアル・マイノリティの運動の歴史、そしてクィア・スタディーズの視
　　点にいたるまで、詳しく解説されている。とくにクィアに興味をもった人におすすめ。

アジア女性資料センター，『女たちの21世紀』no 90（2017年6月号）：特集が「LGBT主流
　　化の影で」である。LGBTブームの功罪や、ブームにふりまわされずに地道にきちんとし
　　た方向に向かっていくにはどうしたらよいかを考えたい人におすすめ。

【引 用 文 献】

Butler, Judith, 1990, *Gender Trouble: Feminism and the Subversion of Identity*, Routledge. (竹村和子
　　訳，1999，『ジェンダー・トラブル フェミニズムとアイデンティティの攪乱』青土社．)

Gill, Rosalind, 2007, "Postfeminist Media Culture: Elements of a Sensibility," *European Journal of
　　Cultural Studies*, 10(2): 147-66, (Retrieved January 3, 2017, LSE Research Online.)

Walkerdine, Valerie, 2003, "Reclassifying Upward Mobility: Femininity and the Neo-liberal Subject,"
　　Gender and Education, 15(3): 237-48 (Retrieved January 3, 2017, EBSCOhost.)

米沢泉美編著，2003，『トランスジェンダリズム宣言──性別の自己決定権と多様な性の肯定』社会批
　　評社．

研究のコトハジメ：「メイドカフェ」というフィールドの発見

　わたしはメイドカフェにおける女性の労働について研究をしている。なぜこのフィールドに着目したのかを解説したい。

　はじめてメイドカフェに行った時は、戸惑った。店内に入ると、「おかえりなさいませ、お嬢様」の掛け声がかかる。オーダーしようとするが、メニューシステムが煩雑でどうしたらいいのかわからない。いろいろなメイドさんが話しかけてくれるもののどう受け答えするのが適切なのかもわからず、場のノリになじめないまま会計の時間となった。

　少し経って、2回目のご帰宅（来店）をしてみた。前回少し話したメイドさんと、今度はたくさん話した。正直、驚いた。自分の生身の身体を通した経験をもとにした、その人にしか考えつかないような洞察を次々に話してくれたからだ。そこでわたしははたと気づいた。「メイド」という職に就いているにしても、ここで働いている人たちはみな一人の「女性」であることに。いくら「メイド」であっても、その「女性」個人が日常生活のなかで経験してきたことやそれによって身についた能力を消去して働くことはできない。しかし、もちろんメイドカフェで働いているのはあくまでも「メイド」であり、単なる「女性」ではない。やはり、「メイド」であるからこそ、そこに付加価値が見出され、ご主人様・お嬢様（客）はお金を払って通いたいと思うのだろう。この不思議なコミュニケーション形態は、いったい何なのだろうか。誰も、これを整理して記述していないのではないかと思った。これが、メイドカフェに着目した1つめの理由である。

　それから、いろいろなメイドさんとお話ししていると、さまざまな事情が見えてきた。メイドは、単に男にお金で時間とコミュニケーションを買われる存在ではない。「メイド」としてサービスを提供して報酬を得ることを選択した以上、そこには覚悟があり、単に男に「搾取」「消費」させて終わらせないための売り手としての工夫や戦略があった。こうした話を丹念に聞いていくと、フェミニズム社会学における既存の〈性の商品化〉の議論に一石を投じることができるのではないかと思った。なぜ、女性たちはわざわざ、自分のもつ女性性表象を用いて主に男性とコミュニケーションをとり、会話と時間を売るような職業を選んで働くのだろうか。そこには、ジェンダーの非対称性を念頭に置きつつも、その非対称性を乗りこなしていく主体性が見出されるように思えた。これが、メイドカフェに着目した2つめの理由である。

（中村　香住）

Chapter 10

「外国につながる子ども」にふれる

■ 第1節 ┃ 「ともに投げこまれている」

　家を出ていつもの道を歩き、校門をくぐる。自分の席に座り、チャイムが鳴れば授業が始まる。休み時間は外で遊んだり、友だちとたわいもない話をしたり。給食を食べて、もう2時間ほど頑張れば「帰りの会」だ。そして三々五々、また同じ道を帰っていく——。こうした学校での情景をノスタルジーとともに思い出す人も少なくないだろう。

　さて、次の地図を見てほしい。所狭しと並んだ点。何を示しているか、おわかりになるだろうか。

図10-1　「学校教育法に基づく全国の小学校，中学校，中等教育学校，高等学校，高等専門学校，短期大学，大学及び特別支援学校」の分布（国土交通省2013年作成データをもとに筆者作成）

83

これは、全国の学校（ただし、学校教育法に定められたもの）を地図上に示したものである。全体像を意識する機会は少ないが、日本には2018年時点で、小学校が19,892校、中学校が10,270校、高校が4,897校、特別支援学校が1,141校、短期大学・大学が1,113校存在する。なぜこんなにもあるのか。少なくとも小・中学校に関しては日本国憲法が、教育を受ける権利の保障を保護者や国家に義務として課し、それに従って条件整備がなされているからだ。この「就学義務」という法的な強制力にも支えられ、社会インフラとして全国的に広がる学校は、地域や世代を超えた共通経験となっている。

ところで、一般的に公立小・中学校の場合、わたしたちは住む場所によって指定された学校に通うことになる。そこには、基本的に年齢、性別、性的志向、国籍、人種、民族、宗教、障害、社会経済的地位などが異なるさまざまな子どもたちが集まってくる。そして、日々折りあいをつけながら、集団としてうまくやっていくことが求められる。その意味で学校は、否応なく他者と出会い、交渉せざるをえない、「ともに投げ込まれている（thrown togetherness）」（Massey 2005=2014）場だといえる。

■■ 第2節 ┃ 学校に広がるエスノスケープ

冒頭の写真に戻ろう。後ろ姿だけでははっきりとわからないが、写真に写っている小学生たちは、東南アジア出身の親をもつ「外国につながる子ども」たちである。黄色い帽子をかぶり、ランドセルを背負って集団で登校するという「日本らしい」通学風景もまた、グローバル化の進展とともに刻々と変化しているのだ。こうした多文化化する風景、すなわち「エスノスケープ（民族の地景）」（Appadurai 1996＝2004）はいまや珍しいものではない。

在留外国人数は、2018年には約263万に達し、過去最高となった。昨今矢継ぎ早に打ち出されている外国人労働者受け入れに関する政策的動向をふまえても、今後さらなる増加が見込まれている。0〜19歳の外国籍の子どもは2015年時点で約29万人存在し、国籍別には、中国、ブラジル、韓国、フィリピン、ベトナム、ペルー、ネパール、米国の順に多くなっている。当然、外国につながる子どもは外国籍の子どもだけではない。現状、公的文書から把握することは

ほぼ不可能だが、帰化や親のいずれかが日本人という「日本国籍で外国につながる子ども」の数は、少なくとも約43万人にものぼると推定されている（榎井 2017）。

また、今日彼らの置かれた状況はきわめて多様化している。出身国や国籍、来日経緯や就学時期、母語や日本語の習得状況、家庭の社会経済的背景、将来の居住展望なども大きく異なり、それに伴って教育ニーズも複雑化している現状がある。

■■ 第3節 ┃ みえなくする／みえなくなる

では、彼らの学校経験はいったいどのようなものなのだろうか。決して一般化はできないが、ここではその一端としてとくに、彼らの抱える困難にふれてみたい。

■ 1．そもそもみえない子どもたち

まず確認しておきたいのは、外国人には就学義務がないという事実だ。現行の制度上では、就学義務は日本国籍を有する国民に対するものであり、外国人の子どもについては望むのであれば就学してもよいという「恩恵」となっている。その結果、学校での勉強や人間関係に適応できなかったり、経済的困窮や頻繁な国家間移動などの家庭事情を抱える子どもたちのなかには、学校に通わず、就労や家事手伝い、1日家で何もせず過ごす不就学状態の者も少なくない（小島 2016）。また、多くの自治体では外国人の就学実態を把握していないため、かれらは公的なデータ上からもみえない存在となっている。このように「みえない」子どもを生み出し、平然と「みない」ままでいる現行の体制を改め、かれらの実態把握と教育を受ける権利保障を進めることは急務である。

■ 2．日本の学校にはびこる「一斉共同体主義」

学校のなかに目を移そう。日本の学校には、教室に大きく掲示された学級目標をはじめ、給食や班学習、運動会や合唱などの行事、係や掃除など、みなで一斉に同じことを行い、互いが協調的に関わりあうことが期待される集団活動

が数多く存在する。もしそのなかでひとり違った行動をとれば、「なぜあの子だけ許されるの？」と非難されたり、自分のせいでみなが連帯責任を問われる事態にもなりかねない。こうした環境のもと、子どもたちは自然と同じ行動をとるように方向づけられていく。また教員も、「特別扱い」を避け、みな「同じ」ように接しようとする。こうして異質性がみえなくなっていく日本の学校文化の特徴を、「一斉共同体主義」という（恒吉 1996）。

「集団として協調を重んじる」、「みな同じように扱う」といえば、一見聞こえはいい。しかしそうした実践によって違いがみえにくくなることは、本当は配慮や特別扱いが必要な子どもたちから支援を退け、生活や学習上の困難をもたらしうる。ここでは具体的なイメージとして、坪田 (2018) の事例を取り上げよう。以下は坪田が、フィリピンにルーツをもつ日本生まれ・日本育ちの小学 4 年生の圭吾の学習支援を行っていることについて、クラスメイトに意見を尋ねている場面である。

> 可奈子：うーん、「ズルい」って思うこともあるけどあいつ（＝圭吾）「やる気ない」って感じ？　やりたくないのにいろんな先生が見てくれてて「何それ？」って感じ。（……省略……）
> ──圭吾君は確かフィリピンに行ったりするんだよね。
> 可奈子：そうそう。幼稚園から同じだから、みんなフィリピンのハーフだっていうのは知ってるけど、「だから何？」って感じ。
> 高橋：あーわかるわかる。あいつだって普通に日本語話せんじゃん。普通に日本人。

> （坪田 2018、傍点原著、下線筆者）

圭吾は、日本語、タガログ語の運用いずれもが不十分な「セミリンガル」の状態にある。多言語環境で育った子どもは、日常生活で使う生活言語としての日本語は自由に操れても、学習場面で使う学習言語の習得に困難を抱えやすいといわれる。圭吾にとっても学習言語を主に用いる教科学習のハードルは高かったが、クラスメイトたちは「フィリピンのハーフだから何？」、「普通に日本語話せんじゃん。普通に日本人」として、圭吾の差異を表面的に理解するにと

どまり、支援の必要性を認識するには至っていない。それゆえに、先生やボランティアが圭吾の学習支援につくことに対して「ズルい」、また、できないことに対しても本人の「やる気がない」からだ、と否定的な感情を抱いている。圭吾はこうした環境のもと、学校の勉強についていけず、しだいに学習意欲も失っていくなかで挫折的な状況に陥ってしまう。

　坪田は以上の事例をもとに、形式的な平等を重んじて皆を「同じ」に扱うのではなく、背後にある社会的・文化的な違いに配慮しつつ、不利な立場にある子どもに対して必要に応じて資源を重点的に配分する「公正」な教育実践――ここでは具体的に、読み書きなどの困難を極力取り除きつつ、学習活動への意欲を高めて参加を促す学習環境の整備や、子どもたちが互いに違いを認めあいながら関係性を築くことができるようなはたらきかけ――の必要性を強調している。

■3．高校・大学でみえなくなる外国人生徒・学生

　以上でみた学習上の困難は、低い高校・大学進学率（高い中退率）、ひいては不安定就労や失業などの生活リスクにもつながりうることから深刻である。今日、日本人生徒は実質高校全入の時代を迎えている一方、外国人生徒の高校在籍率は、わずか約40％との推定もある（宮島 2017）。また、大学進学となると、国籍による格差はさらに広がる（図10-2参照）。

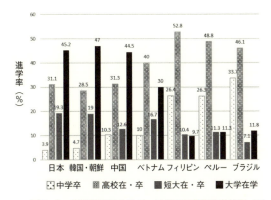

図10-2　国勢調査にみる19〜21歳の国籍別進学状況（％）
（樋口・稲葉（2018）をもとに筆者作成（元データは2010年国勢調査オーダーメイド集計））

第3節　みえなくする／みえなくなる　87

現代社会は、大卒／非大卒のあいだにさまざまな格差がみられる「学歴分断社会」（吉川 2009）ともいわれ、学力や学歴の獲得がその後の社会経済的地位に密接に結びつく現実がある。そうである以上、学校が意図せず不平等の再生産に加担し、人々を分断していくことを防ぐためにも、進路保障はきわめて重要だ。今後、特定の背景をもつ子どもに対して一定の配慮を行う、高校・大学の**特別入試・入学枠制度**（志水 2008）などのアファーマティブ・アクション（差別撤廃のための積極的措置）を進めていくことは、さまざまな社会的・文化的背景をもつ子どもたちが「ともに投げ込まれている」今日の学校が引き受けるべき責務だといえよう。

■4．みえないものをさらにみえなくさせる「憎悪表現」

外国につながる子どもは、ニューカマー（1970年代以降より日本に居住する新来外国人）だけではない。とりわけ、オールドカマーとも呼ばれる、植民地支配に由来する来歴をもち、戦前期頃から日本で暮らす在日コリアンや在日中国人の子どもは今や4、5世の時代となり、日本国籍への帰化者も相当数にのぼる。こうした日本国籍で日本語指導も必要なく、見た目にもわかりにくい外国につながる子どもは、今日ますますみえない存在となっている。

近年、かれらを一層みえなくする動きもある。指先ひとつで簡単にふれられるネット空間や、身近なストリートに広がる差別的なことばの数々だ。こうしたヘイトスピーチとも呼ばれる憎悪表現は、もはや一部の過激な人々のあいだにだけでなく、わたしたちの身近な日常にもありふれたものになってきている。たとえば、「中学校1年の英語の教科書で、登場人物の1人が中国出身という設定であった」ため、「『China』という単語を導入すると、突然1人の男子が『俺、チャイナ大っ嫌い！中国は悪い国だ』と叫んだ」（大谷 2017）など、排外的なことばに接する機会は学校空間にまで及ぶ。こうしたことばに無防備にふれるなかで、平然を装いながら不安や恐怖を感じ、アイデンティティの揺れに苦しむ者も少なくない。

■■ 第4節 ┃ 「コンタクト・ゾーン」としての学校の可能性

　では、以上のような差異をみえなくするさまざまな力に抗い、多様性が承認され個々人が潜在能力を発揮できる機会を公正に得られる社会の実現に、学校はどのように関わっていくことができるのだろうか。最後にここでは、学校を「コンタクト・ゾーン」(Pratt [1992] 2008) としてとらえる視点を提起したい。

　コンタクト・ゾーンは、「地理的にも歴史的にも分離していた人々が接触し、継続的な関係を確立する空間」である。詳細は文献を参照されたいが、この概念の有効性は次の3点にまとめられる。

① 　地理的かつ歴史的な分離によって以前は分かれていた人々の軌道が交差するという、空間的かつ時間的な共在に注目を促す点
② 　非対称な力関係にある人々が、双方向に影響を及ぼしあうなかで相互に変容していく過程に着目する点
③ 　異なる社会的・文化的背景をもつ多数の人々が接触する複雑な構図を扱う点

■ 1. 軌跡にふれる

　第一に、空間的かつ時間的な共在に注目を促す視点は、子どもたち一人ひとりの背後にある「軌跡」に目を向ける重要性に気づかせてくれる。すなわち、単に「どこから来たのか (ルーツ) に着目するだけでなく、どのようにして今に至っているのか (ルート)」、その理由や経緯に目を向ける重要性である (渋谷 2013)。

　たとえば、クラスに日系ブラジル人の子どもが在籍しているとする。よくみられる光景は、子どもたちが多様性を尊重しあえるようにとの目標を掲げて、ブラジルの文化について皆で学習する様子だ。しかし、単にその子どもの「ブラジル」というルーツに着目するだけでは、「3F (Food 食、Festival 祭り、Fashion 衣服)」と呼ばれる表層的な文化学習にとどまり、かえってかれらのリアルな姿から目を背けることにもつながりかねない。ルート、すなわちその子どものたどってきた軌跡に着目することとは、たとえば、20世紀初頭よりブラ

ジルに渡った日系移民の歴史や、時を経て日本に「デカセギ」として帰還し、帰国か定住かといった将来展望にも悩みながら生活を営む家族の歴史、物理的な行き来や家庭内の言語的・文化的環境を通じて双方の国と密接に関わりながら生きてきた子ども自身の歴史などを、目の前にいる子どもの現状と結びつけながら想像する試みだ。目の前にいる外国につながる子どもたちは、「ここ」ではないどこかほかの場所とつながり、「いま」ではない過去とつながっている。こうした軌跡への注目は、かれらの存在をより広い時間と空間からとらえる想像力を喚起し、より深い背景理解へと導いてくれる。

■2．ふれて変わりあう

　第二に、「非対称な力関係」を前提とする視点は、子どもたちのあいだには、形式的に平等に扱うだけでは埋まらない差異が出発時点で存在していることに気づかせてくれる。たとえば、外国につながる子どもの学校不適応の背景には、多くの場合、家庭の不安定な生活状況や多言語・多文化環境、日本人児童生徒に有利に働く学校文化や教育制度などが関わっている。そのことへの気づきは、子どもたちの生活・学習上の困難の原因を、個人のやる気や能力にというよりも不平等を生み出している構造に求め、そもそも不利な立場にいる子どもたちへの重点的な教育資源の投入に結びついていく。

　また「双方向に影響を及ぼしあうなかで相互に変容していく」という視点は、「外国につながる子どもをどう適応させるか」という、今日圧倒的多数の学校教育現場が採用している、一方向的な教育支援のあり方を批判的に問いなおすことを可能にする。単に「郷に入っては郷に従え」として、日本語を習得させ日本の学校のやり方に慣れるように「支援」することは、ともすれば、日本人や日本文化の優位性を前提に、許容できる範囲内で受け入れてあげるという、対等とは程遠い関係性を温存することにもなりかねない。一例として、ある小学校で当初、善意と熱意をもとに始められた外国籍児童支援のための日本語教育が、しだいに彼らの学校内での母語使用の制限・禁止につながっていった事例があげられる（山本 2017）。本来目指されるべきは、日本語使用の徹底ではなく、言語や文化を対等に扱い、日本語を教える一方でかれらに母語を教えてもらったり、ルーツを誇らしく思いながら生きるかれらの姿から周囲も何か大切

なことを学んでいく状況であるはずだ。誰もが対等な構成員として包摂され、そこに豊かな学びが生まれる教育環境をつくっていくためには、互いの差異にふれることで、外国につながる子どもだけでなく、日本人の子どもや教員、学校、さらには日本の教育制度も変わっていくという視点が不可欠だ。

■3．ふれられていないものとふれる

　第三に、多様な人々が接触する複雑な構図を、なるべく単純化せず丸ごととらえる視点は、学校を単に、教員と児童生徒からなる教育機関ととらえる視点からの拡張を促す。

図10-3　「コンタクト・ゾーン」としての学校

　体育館で白熱したサッカーの試合をくり広げる地域の子どもたち、運動場で地域のお祭りを楽しむ親子、家庭科室で郷土料理を持ち寄り地域交流を深める外国人住民たち、近隣の公立学校の放課後日本語教室を訪れ、外国につながる子どもと談笑する外国人学校の生徒たち――。あなたはこうした風景から、どのような声を聴き、どのような可能性を感じとるだろうか。

　身近な地域社会には、「居場所を共有している」が、まだ「ふれていない」人たちが数多く存在する。たとえば、正規・非正規滞在者を含む外国人住民や、

外国籍の不就学の子ども、異国の地で孤独に子育てに奮闘する母親、全国に約百数十校ある外国人学校の子どもや教員たちだ。学校は、こうした地域で暮らす多様な人々が出会い、相互に変わりあっていく場となる可能性を秘めている。

第5節 ┃ 異なる社会を想像する

　学校は社会インフラとして大きな影響力をもち、そこには、多様な背景をもった人々が「ともに投げ込まれている」混交状況がある。エスノスケープの広がりとともに、文化的差異や社会階層に沿ってさまざまな社会的分断や対立が生まれている今日、学校を「コンタクト・ゾーン」としてとらえなおし、現状とは異なる社会を想像する足場としての可能性を探求していくことが求められている。

（金南　咲季）

【読 書 案 内】

荒牧重人ほか編 , 2017, 『外国人の子ども白書』明石書店 . : 研究者、実践家、当事者を含む73名の執筆者によって、外国につながる子どもたちの現状が、教育、家族、福祉、人権、法制度などの諸観点から包括的に紹介された、「いま」を掴むための格好の書。

坪田光平 , 2018, 『外国人非集住地域のエスニック・コミュニティと多文化教育実践』東北大学出版会 . : これまで十分に注目されてこなかった「外国人非集住地域」での丹念なフィールドワークをもとに、ニューカマーの親たちの子育ての実態や、子どもたちへの学校教育支援のあり方を論じた、実践的示唆にも富む一冊。

【引 用 文 献】

Appadurai, Arjun, 1996, *Modernity at Large*, Minneapolis: University of Minnesota Press.（門田健一訳 , 2004, 『さまよえる近代』平凡社.）

榎井縁 , 2017, 「外国人と外国につながる子どものいま」荒牧重人ほか編『外国人の子ども白書』明石書店 , 21-4.

樋口直人・稲葉奈々子 , 2018, 「間隙を縫う」『社会学評論』68(4): 567-83.

吉川徹 , 2009, 『学歴分断社会』筑摩書房 .

小島祥美 , 2016, 『外国人の就学と不就学』大阪大学出版会 .

Massey, Doreen, 2005, *For Space*, London: Sage.（森正人・伊澤高志訳 , 2014, 『空間のために』月曜

社．)
宮島喬, 2017,「義務教育以降の進路」荒牧重人ほか編『外国人の子ども白書』明石書店, 132-5.
大谷千晴, 2017,「いじめの克服における教育の対応」荒牧重人ほか編『外国人の子ども白書』明石書店, 208-9.
Pratt, Mary Louise, [1992] 2008, *Imperial Eyes*, 2 nd ed., London: Routledge.
渋谷真樹, 2013,「ルーツからルートへ」『異文化間教育』37: 1-14.
志水宏吉編, 2008,『高校を生きるニューカマー』明石書店.
坪田光平, 2018,『外国人非集住地域のエスニック・コミュニティと多文化教育実践』東北大学出版会.
恒吉僚子, 1996,「多文化共存時代の日本の学校文化」堀尾輝久ほか編『学校文化という磁場』柏書房, 216-40.
山本直子, 2017,「多文化共生概念が『禁止』するもの」塩原良和・稲津秀樹編『社会的分断を越境する』青弓社, 214-34.

研究のコトハジメ：写真のみえ方が変わる

　同じ写真であるが「あの時」のみえ方と変わっている、そんな経験はないだろうか。私にとっては、2012年7月、東日本大震災後に東北でボランティア活動をした際に撮った写真がそれである。

　学部4回生だったわたしは、関西から単身でボランティアバスに乗り込んだ。「大阪の食で現地の方々を元気づけよう」というのがメインコンセプト。バスのなかではじめて出会った個性豊かなメンバーと、宮城県と岩手県で1週間ほど活動した。中小企業を営む職人、お好み焼き屋の店長、教育委員会の職員、強面のお兄ちゃん、IT企業のサラリーマン、聞きなれない外国風の名前の学校の先生と生徒、その学校周辺の地域住民というおじちゃんなどなど。短い時間ではあったが、片道14時間のバスの道中と現地での活動を通じて、わたしたちはすっかり仲良くなった。

　1年後、私は専攻を「ボランティア行動学」から「教育社会学」に変えて大学院に進んだ。当初の「高等教育機関と地域の関係性について研究したい」という入学志望理由書とは大きく変わって、「多文化共生」をテーマに研究を進めることとなっ

た。具体的には、新興のコリア系外国人学校や被差別部落、イスラムモスク、外国籍住民などからなる多文化混交地域をフィールドに、地域の約10年間の変容を追うというテーマで、博士論文まで調査を続けた。

　「どうやってフィールドを見つけたの？」とよく尋ねられる。どこにでもあるような平凡な郊外の風景からは、差別の歴史やそれに抗する人々の実践、人やモノの移動に伴うさまざまな差異の交錯が生まれていることは想像し難いためだろう。しかしそれこそが、先のボランティアバスに偶然乗りあわせた外国人学校の先生と生徒、周辺地域住民との出会いをきっかけとするものであった。

　かれらとの出会いが縁で、さまざまなイベントに誘われ、学校や地域に遊びにいくようになった。当時、外国人学校や被差別部落、イスラムモスクや外国籍住民についてなんらの知識ももちあわせていなかったわたしは、学校や地域の方々と調査とは無関係の関係性を築いていくなかで、はじめてさまざまな歴史や「いま」にふれていくこととなった。そして、その出会いと学びのなかに惹きつけられるものがあって、後に「調査」というかたちで関わっていくことになったのだった。

　この写真が撮影された当時にみえていた風景と、いまわたしがこの写真のなかにみる風景は大きく異なっている。それはおそらく、この写真に、個人には還元しつくされない社会的、歴史的なものがみえるようになったためだろう。この写真から、どこかほかの場所や、過去とのつながりを想像することができる。また、この写真を撮った「あのときあそこ」から「いまここ」へのつながりを、具体的な人の顔とエピソードとともに思い浮かべることができる。東日本大震災という出来事を受けて、さまざまな歴史を背負った人々が移動し、交わり、そしていまにつながっている。目まぐるしい社会の変化のなかで、わたしたちは否応なく「ともに投げ込まれている」のだということに気づき、写真のなかでこの人とこの人が隣同士、穏やかに並び立っている姿に感動を覚える。そして何より、わたし自身がこの出会いをきっかけに大きく変わったことに気づかされる。

　研究論文では、なぜその場所やその人を調査対象としたのか、問題設定と照らしあわせて論理的に説明されることが多い。しかし、そうした理性的な記述によって覆い隠されてしまう、フィールドとのパーソナルな出会い方こそが、問題意識や視点、現場の人々との関係性、得られるデータの質などとも深く関わってくることに、わたしたちはもう少し自覚的になるべきかもしれない。

　フィールドとの出会いは千差万別である。あなた自身が「縁」をもったフィールドでのフィールドワークを通じて、自身が変わり、写真のみえ方が変わっていく醍醐味を、ぜひ味わってみてほしい。

（金南　咲季）

Chapter 11

「ハーフ」にふれる

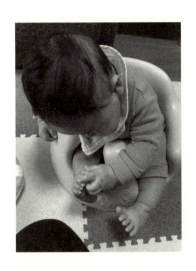

■ 第1節 ║ 「ハーフ」の顔

　目、鼻、おでこ、あご、唇、まつげ……。顔のパーツに言及しながら「テレビや雑誌で活躍するハーフタレントやモデルさんに憧れる方は、たくさんいらっしゃいます」「西洋人になるための施術を控えめに行うことによって、理想の顔に近づけることができます」と述べるサイトを見つけた（http://www.half-hikaku.com/）。偶然SNSで「ハーフ顔になりたい」ということばを見かけ、そのことばでGoogle検索をしてみたのだ。美の参照点の1つとして「容姿端麗な欧米白人系」の「ハーフ」の顔をあげながら、同サイトは複数の美容整形クリニックのサイトへと訪れた者を誘っていた。

　「ハーフ」ということばを聞いて、あなたは誰の顔を思い浮かべるだろうか。やはり、容姿端麗な欧米白人系の「ハーフ」の顔だろうか。だが、日本でInstagramの女王と呼ばれる渡辺直美やアイドルグループ・アンジュルムの佐々木莉佳子、グランドスラムで優勝を果たしたテニス選手・大坂なおみ、NBA選手となった八村塁など、いわゆる「欧米白人系」ではない「ハーフ」もすでに活躍して

いることが知られている。それにもかかわらず、もしあなたが真っ先に容姿端麗な欧米白人系という支配的に流通する「ハーフ」の顔を思い浮かべたのであれば、それはあなたがメディアの権力に巻き込まれているからだ、といえるかもしれない。ニック・クドリー（N. Couldry）によればメディアの権力とは、人々が生きる社会的現実を規定するものだという。どういうことだろうか。

　メディアがなんらかの意図をもって社会風景を切り取り、編集や加工を加えて映し出すことで、メディアのオーディエンス（聴衆、視聴者）の「日常的な会話の中で利用可能な参照点を狭め」、いつしか人々の認識やふるまいをパターン化してしまう、そんな累積的な圧力をクドリーはメディアの権力と呼んだ（Couldry 2012= 2018）。「参照点を狭める」とは、実際には多様な身体形質をもち、さまざまなルーツの「ハーフ」がいるにもかかわらず、メディア上では「容姿端麗な欧米白人系のハーフ」ばかりが映し出されるといった状況のことだ。こうした状況では、人々はまるで同じ色眼鏡をかけて世界を見ているかのように、「ハーフとは容姿端麗で欧米白人系だ」という認識をもってしまいがちだ。そうした認識をもったまま人々がやりとりを重ねると、多様な「ハーフ」の姿がますます後景化・不可視化されながら、「ハーフとは容姿端麗で欧米白人系だ」と思ってしまいがちな社会的現実が形成されていく。すると、支配的に流通する「ハーフ」表象を基準に比較を行いながら、当事者が望んでもいないのに一方的に「やっぱりハーフだから可愛いね／格好いいね」とほめそやされたり、反対に「ハーフなのに…」と貶められる序列化が「当たり前」のように起こる。この「当たり前」をつくり出す累積的な圧力こそ、メディアの権力なのだ。

　その意味で、テレビ、雑誌、映画、新聞、ラジオといったマスメディアだけでなく、インターネットを漂う情報も、SNS上で流れ去る個人の何気ない投稿も、当事者を巻き込むメディアの権力につなぎとめられているのである。

■■ 第2節 ┃ ふりかかる帰属の政治と人種化

ところで、芸能人ではない「普通」の「ハーフ」たちはどのような生活を送っているのだろうか。実は、「ハーフである」こと自体が、スティグマ──社会的に十分に受け入れられない負の烙印（Goffman 1963）──となってしまう状況が

ある。たとえば、「石投げられたこともあるよ」といった暴力、「日本人の部分は見てもらえない」というアイデンティティを揺さぶられる経験、「歩いてるだけで疑われるねん。職質やで。靴脱がされねんで。1回とか2回ちゃうよ」という警察による人種的プロファイリング——特定の人種（race）にターゲットを絞った上での職務質問や捜査——などがあげられる（ケイン2017, 2019a）。

　また、「ハーフ」の高校生のSNSに「日本から出ていけ」といった書き込みがなされたり（『AERA dot.』2018.6.7）、テニス選手・大坂なおみがグランドスラム優勝を果たした際、彼女の肌の色や言語能力、ふるまいや国籍について「日本人と呼ぶにふさわしいのか／ふさわしくないのか」という論争が巻き起こったように（ケイン2018）、**帰属の政治**も常に作動している。

　帰属の政治とは、国民国家の名において行われる、人々の帰属や承認をめぐる闘争のことだ（Brubaker 2015=2016）。ロジャース・ブルーベイカー（R. Brubaker）によれば、政策決定から日常会話に至るまで、「誰がこの国家に帰属するべき国民なのか」「どのように処遇されるべきか」「誰が優先されるべきか」と問いを投げかけ、ある者に承認を与え、ある者は排除する闘争的な実践が、帰属の政治であるという。

　興味深いことに、帰属の政治ではしばしば人種（race）という社会学的にも生物学的にも否定されたカテゴリーがしばしばもち出される。個々人の瞳や肌の色といった身体形質、慣れ親しんだ文化や言語が異なることはもちろんある。だが、その差異は、複数の集団に人類を区別しようとする人種というカテゴリーで明確に区切れるほど、はっきりとした違いではない。むしろ、「異なる人種」のあいだよりも、「同じ人種」だとされてきた集団のなかにおける遺伝子の違いの方が大きいことがすでに明らかになっている。だが、それにもかかわらず、ある人々を特定のカテゴリーで括り、序列化し、周縁化し、他者化し、排除する**人種化**（racialization）の実践が「ハーフ」を含めた外国に（も）ルーツをもつ人々に対して行われているのだ（竹沢2009, 岩渕2014, 下地2018）。

　スポーツ実況で耳にする「黒人はフィジカルが違う」という使い古された言い回しも、ごく一部の「ハーフ」の身体形質を美の参照点とすることも、「日本人って○○だよね」とSNSに投稿することも、人種化の実践にほかならない。

第2節　ふりかかる帰属の政治と人種化　　97

第3節 ┃ 技芸とアイデンティティ

■1．「普通」を切り抜ける

　メディアの権力に帰属の政治、そして人種化の実践が絡みあう社会で、「ハーフ」はどのように「普通」の生活を日々切り抜けているのだろうか。ある「ハーフ」の人々は、直面する「生きづらさ」をあえて人前で自虐ネタとして披露し、笑い飛ばすことで受け流すという技芸を磨き、対処してきた（ケイン2018，2019）。こうした、マイノリティ（少数派、少数者）が「なんとかやっていく」ために駆使する日常的な実践のことを、ミシェル・ド・セルトーは技芸と呼んだ。彼によれば、マイノリティは、不利な状況を「生きうるものにかえる」ために、「ふりかかってくるいろいろな事件を『しのげるもの』にかえて楽しんだりする術」をひねり出し、切り抜けるのだという（Certeau 1980=1985）。

　技芸は、メディア上で配信されることもある。たとえば、支配的な「ハーフ」表象によって不可視化・後景化されがちな日本と中国にルーツをもつ「日中ハーフ」のある大学生グループは、YouTube に映像作品を投稿している。かれらは、「ハーフなのに全然得しない」といった自虐ネタの数々を映像作品にすることで、「日中ハーフ」の子どもたちに技芸を伝達するメディア実践を行っているのだ。こうしたメディア実践は「日中ハーフ」を不可視化・後景化するメディアの権力を揺さぶる可能性をもった創造的な実践だといえる（ケイン2019b）。

■2．アイデンティティの位置どり

　「ハーフ」の日常的実践の複雑さを知るために、以下では、先ほどの「日中ハーフ」の大学生グループの1人、よしこさんの語りに注目したい。

> 「自分を日本人だと思うのか、中国人だと思うのかってよく聞かれるんですけれど、アイデンティティって難しいなって思っていて。みんなと話していくなかで、作品をつくっていくなかで、私にとってはハーフでしかなくて。日本と中国のハーフでしかなくて……（中略）……ハーフであることに誇りを持ちたいし、どっちもちょうど半分ずつもってて、どっちも母国であるから、どっちか

を選ぶことは違うんじゃないのかなって思うようになりましたね」（よしこさん，2019年3月27日にインタビュー）。

　まず，このインタビューからわかることは，彼女が「日本人か，中国人か」とアイデンティティを問う帰属の政治にさらされてきたことだ。この問いかけには「個人は1つの国家にのみ所属するべきだ」というイデオロギー（疑われないほど自明で支配的な考え方，常識，社会通念）が潜んでいる。やがて大学生となった彼女は映像作品の制作を通じて，「どっちかを選ぶことは違う」と考え，「誇り」をもつ「ハーフ」としての自分へと，アイデンティティの位置どり_{ポジショニング}を変更することになったのだ。

　スチュアート・ホールによれば，「お前は何者だ」と問う誰かの声やイデオロギーに呼びかけられながら，「このようになろう」「いや，あのようになろう」と自分に働きかけるなかで，個人のアイデンティティは出現し，変化するという（Hall 1996=2001）。実際に，よしこさんが「……思うようになりました」と述べているように，アイデンティティは，不変のものでもなければ，歴史的・地理的な起源_{ルーツ}（roots）と結びついた「そうであるほかないもの」ではないのだ。あくまでも，アイデンティティとは，流動的に「そのようになりゆくもの」なのである。もちろんそれは「人は何者にでもなれる」というわけではない。アイデンティティを問いかけられながら，「あなたはこのようでありなさい」と迫るイデオロギーの数々と折衝・交渉_{ネゴシエーション}し，人生の経路_{ルーツ}をたどるなかで，アイデンティティは生まれ，変化するのだ。よしこさんの語りが示唆することは，「ハーフ」たちがメディアの権力や帰属の政治，そして人種化といったさまざまな力学やイデオロギーが渦巻くなかで日常を切り抜け，アイデンティティを模索する姿である。

■ 第4節 ┃ 交差性を抱えて

　とはいえ，ひとくちに「ハーフ」といっても，アイデンティティやしんどい抑圧的な状況は人それぞれである。なぜなら，身体形質，出生地，生育地，言語，国籍，ジェンダー，セクシュアリティ，障害，宗教，階層など，個人のア

イデンティティや抑圧的な状況を構成する諸要素の組みあわさり方、すなわち
交差性（インターセクショナリティ）は多様だからである。たとえば、筆者が筆者のルーツと同じ「ア
メリカ・ハーフ」と出会ったとしても、アイデンティティも状況もしんどい経
験も、質的に異なっている可能性は大いにある。メディアの権力や帰属の政治、
そして人種化にともに巻き込まれながら、そのアイデンティティや状況、経験
には共通性だけでなく、差異も刻まれているのである。

　さて、本章冒頭の写真は、生後数ヵ月の「クウォーター」の赤ちゃんが、手を
伸ばし己の足にふれる一瞬を映し出している。おそらく、この子もまたメディ
アの権力、帰属の政治、人種化の実践とふれることになる。では、この子の目
の前に、あなたがいるとしよう。あなたは、この子をどのように呼ぶだろうか。

　そもそも、半分を意味する「ハーフ」ということばは、たった数十年前、厳
密には1970年代ごろから日本社会に普及したカテゴリー（括り）である。この
カテゴリーは、さきほどのよしこさんが「ちょうど半分、ハーフでしかない」
と述べているように、当事者もよく使うカテゴリーである。一方で、差別や暴
力の文脈において使われてきた問題含みのカテゴリーでもある。だからこそ、
ダブル、外国にルーツをもつ子ども、ミックス・ルーツ、HAFU、Haafu とい
った、より否定的でないカテゴリーの使用や表記が模索されてきた。

　では、「クウォーター」はどうなのだろうか。いや、そもそも半分でも四分
の一でもない「純粋な〇〇人」がいるような前提自体、よく考えたら人種化そ
のものではないか。では、外国にルーツをもつ子なら？いや、それでは、日本
のルーツをスルーしている気がしなくもない。さて、あらためて。あなたは、
目の前にいるこの赤ちゃんをなんと呼ぶだろうか。　　　　（ケイン　樹里安）

【読書案内】

下地ローレンス吉孝，2018，『混血と日本人』青土社．：美的な参照点としての「ハーフ」
　表象の台頭が1970年代以降にすぎないこと、そして、マジョリティもマイノリティも巻き
　込む力学であることを学ぶ突破口となる。

金明秀，2018，『レイシャル・ハラスメントＱ＆Ａ』解放出版社．：自分が加害者にならない
　ための工夫について学べる。あわせて『国際化の時代に生きるためのＱ＆Ａ⑤どうして肌
　の色が問題になるの？』（2018，ニケラ・クシュラ／クレア・フーチャン著，大島野々花訳，創
　元社）もおススメ。

【引用文献】

Certeau, de Michel, 1980, *Art de Faire, Union Generale d' Edition*.（山田登志子訳, 1985, 『日常的実践のポイエティーク』国文社.）

Couldry, Nick, 2012, *Media, Society, World: Social Theory and Digital Media Practice*, Cambridge: Polity Press, Ltd.（山腰修三監訳, 2018, 『メディア・社会・世界———デジタルメディアと社会理論』慶應義塾大学出版会.）

Goffman, Erving, 1963, *Stigma: Notes on the Management of Spoiled Identity*, Prentice-Hall,inc.（石黒毅訳, 2012, 『スティグマの社会学———烙印を押されたアイデンティティ』せりか書房.）

Hall, Stuart, 1996, "Introduction: Who Needs 'Identity'?", Stuart Hall and Paul du Gay eds. 1996, *Questions of Cultural Identity*, Sage Publication of London, Thousand Oaks and New Delhi.（宇波彰訳, 2001, 「誰がアイデンティティを必要とするのか」宇波彰監訳『カルチュラル・アイデンティティの諸問題———誰がアイデンティティを必要とするのか』大村書店.

Brubaker, Rogers, 2015, *Migration, Membership, and the Nation-State*, Grounds for Difference, Harrard University Press, 131-44.（吉田公記訳, 2016, 「移民, メンバーシップ, 国民国家」佐藤成基・高橋誠一・岩城邦義・吉田公記編訳『グローバル化する世界と「帰属の政治」———移民・シティズンシップ・国民国家』明石書店.）

ケイン樹里安, 2017, 「『ハーフ』の技芸と社会的身体———SNS を介した『出会い』の場を事例に」『年報カルチュラル・スタディーズ』5：163-84.

―――, 2018, 「ちぎりとられたダイバーシティ———大坂なおみ選手が可視化した人々」WEZZY（https://wezz-y.com/archives/59018）.

―――, 2019a, 「『半歩』からの約束———WEB メディア HAFU TALK（ハーフトーク）の実践を事例に」『現代思想 特集新移民時代』47(5)：187-199.

―――, 2019b, 「『日中ハーフ』とメディアの権力———『日中ハーフあるある』動画の多義性」『新社会学研究』4，180-202.

岩渕功一編, 2014『ハーフとは誰か———人種混淆・メディア表象・交渉実践』青弓社.

下地ローレンス吉孝, 2018, 『「混血」と「日本人」———ハーフ・ダブルシックスの社会史』青土社.

竹沢泰子, 2009, 『人種表象と社会的リアリティ』岩波書店.

── 研究のコトハジメ：「ハーフ」の若者とナショナルな眼鏡 ──

　最近の「若者」は車を買わないという（最低賃金や消費税の影響を無視した）発言を耳にしたり、「若者」の実態調査の報告書を見た時に、このなかに「ハーフ」はいるのだろうかとずっと思っていた。たぶん、この違和感が「ハーフ」研究の動機の1つだ。

　「ハーフ」やダブル、クウォーター、ミックス（・ルーツ）、両親ともに外国人である若者、日本と外国を行き来する若者、日本語が第一言語ではない若者、外国人学校に通う若者、重国籍／無国籍／無戸籍の若者、法外な賃金で働かされている技能実習生の若者は、「若者」のなかにいるのだろうか。

　経済的な資源、社会関係資本（信頼したり助けあえる人間関係の豊かさ）、エスニシティ（言語や宗教、習慣や価値観といった文化的特性を共有する集団に所属している意識やアイデンティティ）に違いのある人々が一様に「（日本の）若者」という大きな「枠」におさまっているかのような言い回しは、考えてみれば不思議だ。

　災害が起これば「がんばろう日本」。選挙の時は「日本人の選択」。会ったことすらなくても、オリンピックで日本の選手がメダルをとると「国民として誇らしい」。国家の繁栄を目指すナショナリズムやそこに帰属する感覚（ナショナル・アイデンティティ）は、実は歴史が浅い。印刷技術が発展するなかで生まれた「流行」にすぎない。わたしたちは、まるで「ほとんど意識されないでいながら，その視野を規定し，それを通して我々がみる眼鏡のフレーム」（Anderson 1983＝1997: 111）をかけさせられてしまったかのように、フレームの外側を無視しながら、「あの国の国民は」「〇〇人は」といった大きな主語で、おおざっぱな話をすることに慣れすぎてはいないだろうか。そんな眼鏡のキツさやユルさや歪み、レンズの色がずっと気になっている。普段は「日本人」の「枠」の境界線上なのに、メダル候補にさえなれば「ハーフ」の若者を「日本人初」だとほめちぎる。一方で、東京ローカルなイベントで「日本中が盛り上がる」らしいオリンピックに関わるなかで命を落とした「若者」──新国立競技場の工事で時間外労働212時間の末に失踪し、過労自殺した新卒23歳の若者──を忘れてはいないだろうか（『Buzzfeed』2017.7 .20）。「ハーフ」が抱える生きづらさの問題は、「ハーフ」の問題だが、同時に「みんな」がかけさせられているナショナルな「眼鏡」の問題でもあるのだ。

（ケイン　樹里安）

Anderson, Benedict, 1991, *Imagined Communities: Refrection on the Origin and Spread of Nationalism*, 2 nd ed., London/New York: Verso.（白石さや・白石隆訳, 1997,『増補 想像の共同体──ナショナリズムの起源と流行』NTT 出版.）

Chapter 12

差別感情にふれる

■ 第1節 ｜ 看板の向こう側への想像力

　上の写真は、2012年11月、ある日本企業の社員として上海に駐在していた筆者の知人が自身のブログに投稿したものである。一軒の寿司屋の店先に掲げられていた看板で、メニューの一部が記載されている。注目してほしいのは、右側に縦書きされている次のメッセージである。

　　钓鱼岛是中国的！　寿司也是中国的

　「钓鱼岛」とは、日本では「魚釣島」と呼ばれる島のことで、その島を含めた尖閣諸島全体を指す。それさえわかれば、第2外国語で中国語を選択してい

ない学生でも、高校までに習った漢文の知識をもとに、いや単純に漢字の並び
からの類推だけで、さほど困難なく解読できるのではないだろうか？　一応日
本語に訳しておけば、「尖閣諸島は中国のもの！　寿司も中国のもの」となる。

　2012月9月、日本政府が尖閣3島（魚釣島、北小島、南小島）の国有化を宣言し
たことに対する抗議デモが中国全土の100を越える都市で起こり、一部の暴徒
化したデモ参加者が日系スーパーや日系企業の事業所、路上の日本車などを襲
撃する事件が相次いで発生した。こうした一連の出来事の模様は、当時「反日
デモ」という見出しのもと日本でも大々的に報道されたため、記憶している読
者も少なくないだろう。先の写真は、そのデモから2ヵ月が経過した後も未だ
街中に緊張感が漂っていた頃に撮られたものである。

　筆者はしばしば授業でこの写真を教材にし、上述のようなメッセージの意味
と時代背景を説明した上で、「この写真にどういう印象をもったか」、「写真は
何を明らかにしていると思うか」、「このメッセージをどう解釈できるか」など
自由に考察するよう学生たちに求める。読者のみなさんも授業に出ている気分
になって一緒に考えてみてほしい。

　学生たちからはさまざまな意見が出てくる。「尖閣も寿司も日本固有のもの、
以上」というメッセージを反転させただけの素っ気ないものもあれば、激情的
な反応を示し、「他人のものを取るのは中国のいつものやり口だ」という忌憚
のない「嫌中」感情を吐露する学生もいる。それから「領土問題に乗じて食文
化の領有権を主張しているようだが、さすがに無理がある」という揶揄を込め
た解釈。割合的にもっとも多いのは、「両国には見解の相違があるため、中国
が尖閣の領有権を主張する点は理解できるが」と領土問題については冷静な姿
勢を見せながらも、突如としてみずからの愛国心を思い出したかのように、下
の句については「寿司は日本のものである」と断定調になる意見である（ちな
みに断定の根拠を問うても、とくに食文化史的な知識が出てくるわけではない）。このよ
うに数々の意見が提出されるのだが、残念なことに、大半の学生の考察は看板
のメッセージの字面の意味をなぞるだけに終始してしまう。

　塩原良和は、社会学とは「他者の立場に立って考える」ことを学ぶ学問であ
ると定義している（塩原2017：9）。ここでの事例に即せば、それは看板の「向
こう側」にいたはずの寿司屋の店長やスタッフが置かれていた立場を想像し、

104　　第12章　差別感情にふれる

その地点から世界を見返す努力をすることだといえよう。それをふまえて筆者は授業の続きで、学生たちにデモ当時そして直後の中国都市部についての情報を提供しながら、先ほどの看板が掲げられた意味や背景をあらためて想像するように促していくのだが、本当の目的は、なぜ最初からそうした想像ができなかったのか、何が想像力の可動域を狭めていたのか、と学生たちに自問自答してもらうことなのである。単なる知識や経験の不足が原因なのではない。むしろ、すでに身につけてしまっている偏見や固定観念、敵意や反感といった負の感情が想像力を阻害、制限している。そのことを自覚してもらいたいのだ。いわば自分自身の内にある差別感情に「ふれる」、それこそ筆者が学生に求めていることであり、本章を読んでいるみなさんに期待することである。

■ 第2節 ┃ 反 - 反日感情が見ない現実

　まず「反日デモ」と呼ばれた出来事をめぐる事実関係を少し確認しておきたい。先述したように、2012年9月の「反日デモ」の最中、中国各地で日系企業の事業所や日本製品を販売する商店を標的とした破壊や略奪が頻発した。学生たちはこういった出来事を、「中国人」によって「日本人」の生命と財産が危機に晒されたという単純な構図でとらえていた。しかしデモの渦中になんらかの暴力の被害に遭ったのは「日本人」だけではなかった。「日本人」を狙った暴行や脅迫があったことはもちろん事実だが、より大きな規模で暴力行為の矢面に立たされていたのは「中国人」だったことが見過ごされてはならない。

　少し想像すればわかることだと思うが、襲撃を受けた日系スーパーやコンビニで働いていた従業員の大半は「中国人」で、暴徒の襲来にいかに対応するかという判断を現場で迫られたのも、荒らされた店内の復旧作業に当たったのもかれらだった。当時、路上に停めてあった多くの「日本」車が、窓ガラスを割られる、横転させられるなどの被害に遭ったが、そうした車の所有者のほとんどは「中国人」だった。2012年9月15日に西安でトヨタのカローラに乗っていた李建利（当時51歳）の身に起きた悲劇はとくに凄惨なものだ。彼は暴徒のひとりに鉄製の錠前で頭部を殴られて頭蓋骨を骨折、一命は取り留めたものの、半身不随の後遺症に苦しめられることになったのだった（『朝日新聞』2012.9.22；

Qin and Wong 2012)。

　このように「日本」に関わる何かが攻撃の目標とされる状況下において、寿司屋や居酒屋などの「日本」料理店は、暴徒の襲撃に遭い、従業員や客に危害が及ぶ可能性がきわめて高い場所だった。北京で寿司屋の料理長を務めていた緑川義輝は、当時の物々しい雰囲気を次のように述懐している。

　　　デモ隊は数十分、店を囲み、「閉めろ！　閉めろ！」、と叫び続けましたが、破壊行為はなくそのまま帰ったようです。／その時、店の個室には、中国人のお客さんが1組いて、慌てて引き揚げていかれました。（中略）その夜はそのまま閉め、のれん、ちょうちんをおろし、看板を隠し、翌日から2日間はオーナーの意志で臨時休業にしました（在中日本人108人プロジェクト 2013: 80）。

　他の多くの日本料理店もデモ中は臨時休業し、破壊と略奪の標的にされないよう、布などで日本的な店名を覆って隠したり、店先に中国国旗を掲揚したりと、さまざまな自衛策を講じた。店頭に「钓鱼岛是中国的」と、デモ参加者との意見の一致を明示した張り紙を出すのも、効果的な対策だと考えられていた（林・奥寺 2012 ; Shepard 2012）。それは店と従業員を危険から守る一種の「護符」になっていたのだ。

　とはいえ、先の看板が掲げられていた11月には、暴徒の襲撃を受ける危険はほとんどなくなっていた。ゆえにその時点でこの看板には、別の効果が期待されていたと考える方がいいだろう。たとえば、「寿司は中国のもの」と謳うことで、「日本的なもの」に対する反感が依然として漂う状況のなか、寿司屋の暖簾をくぐることにまだ抵抗を覚えていた中国人客に大義名分を与えていたと考えられるかもしれない。つまりそれは寿司を食べるための「免罪符」になっていた、と。もしこの解釈が成り立つのであれば、上掲の写真が切り取っていたのは、逆説的ながら、寿司が日本由来の食文化であるとの認識が中国社会に広く浸透しているという現状だったことになる。

　筆者はなにも、この看板のメッセージが「反日」感情や愛国心とまったく無関係だった、と主張しているわけではない。尖閣諸島をめぐる日中関係の悪化によって高まったナショナリズムに便乗した宣伝効果を狙った面がなかったと

106　　●　　第12章　差別感情にふれる

は言い切れない。しかしながら、この看板のメッセージから「反日」のみを読み取って、「日本」と「中国」の敵対関係を追認して事足れりとするならば、「日本人」と「中国人」の区別なく、一つの食文化が共有され、それで生計を立てる人々が存在し、そのために「反日」的な暴徒に襲われる危険と隣合わせの状況に置かれていたという、看板の「向こう側」にあった、国境線をどこに引けばよいのかわからないようなトランスナショナルな社会的現実を見過ごしてしまうことになるのだ。

■■ 第3節 ‖ 隠れた差別感情

　さて、以上の議論をふまえてもう一度、冒頭の看板の写真を見てほしい。

　どうだろう、最初に見た時とは感じ方は変わっただろうか？　「向こう側」にいた人々が生きていた複雑な社会状況についてもう少し知りたいとの気持ちになっただろうか？　できることなら（そしてことばが通じるならば）、この店のスタッフにこの看板を掲げることにした経緯や動機を実際に聞き取ってみたいとの願望が湧いてきただろうか？　もしそうならば、みなさんはすでに非常に具体的な「研究関心」を抱き「社会学」の第一歩を踏出したことになる。と同時に、もし最初に看板を見た時にはそうした関心や興味を抱くほどには「向こう側」への想像力が働いていなかったのだとすれば、何がその想像力の足を引っ張っていたか、もうみなさんは自覚できているのではないだろうか？

　イギリスの社会学者レス・バックは、「社会学的想像力」を身につけるためには、他者が語る現実についての説明に含まれる「洞察と盲点」の両方に関心を払いつつ、「同時に私たち自身の思い込みや予断を反省する謙虚さと誠実さ」をもつことが必要になると述べている（Back 2007: 12＝2014: 36）。こうした心構えは、「人種」や国民といったカテゴリーに基づく差別や敵意について検討する際、とくに重要なものとなる。他者の差別的な発言や行動を的確に批判している当人が、自分自身の差別感情、あるいは自尊心や優越感については批判の埒外に置いていることがままあるからだ。

　たとえば大学にいると毎年のように、ヨーロッパ留学から帰ってきた学生が現地で「ニーハオ」と声をかけられて不快な思いをしたという土産話を聞かさ

れる。たしかにそのように声をかけた「ヨーロッパ人」に、中国人あるいは東アジア系の人間一般に対する人種差別的な揶揄や侮蔑が含まれていたのであれば、それについては断固として批判せねばならない。しかし同時に問題とせねばならないのは、そういった不満を語る学生たちの口ぶりにはしばしば「中国人と一緒にされたくない」という感情が見え隠れすることだ。「ヨーロッパ人」によるアジア人差別についての批判を、自分自身が抱いている「嫌中」感情を吐露するための恰好のアリバイとして利用しながら、当人がそのことに無自覚であるということが珍しくないのである。「チャオ」と声をかけられた際にも「私はイタリア人ではない」と憤慨したのだろうか？

　おそらくみなさんが、たとえばセルビア人とモンテネグロ人との、スウェーデン人とデンマーク人との、外見的な違い（そんな差異が本当にあるとして）に無頓着なように、多くのヨーロッパ人には中国人と日本人の外見的な違いなどわからない（筆者にもわからないのだが、みなさんはわかるのだろうか？）。そして日中の人口比を考慮すれば、ヨーロッパの路上を歩いているアジア系の人間は中国系である可能性が圧倒的に高いわけであり、その人間に対して自身の知っている数少ないアジア言語の単語から挨拶のことばを投げかけようとした場合（それが好意と悪意のいずれに由来しているのかはさておき）、「ニーハオ」ということばが出てくることになんら非合理な点はないはずだ。みなさんも日本の街中あるいは大学のキャンパス内を歩いている「欧米系」と思しき人に無頓着に「ハロー」と声をかけていないだろうか？　その際「俺はイギリス人じゃない！」という返答が返ってきたら、どう思うだろうか？　「ハロー」と言われたら「ハロー」、「チャオ」には「チャオ」、「ニーハオ」には「ニーハオ」でよくないだろうか？　私たちは「ニーハオ」が挨拶のことばであると、それ以上でも以下でもないと知っているのだから。もし先方が「レイシスト」であるならば、適当に返答して足早に立ち去ればよいのであり、先方に友好の気持ちがあるならば、とりあえずその意にことばで応えればよい。いずれの場合も、まずは「ニーハオ」でよいのではなかろうか？　その一言を発することに抵抗を覚えるのだとすれば、みなさんの心の内で何が引っかかっているのだろうか？

108　● 　第12章　差別感情にふれる

第4節 ▌ 自己感情の自己点検

　1945年にイギリス社会のユダヤ人差別について考察したジョージ・オーウェルは、自身の内面を省察することから始めなければならないと書いた。「現代の知識人は自分の心の中をこまかく正直に検討してみるがいい。そうすれば、かならずナショナリズム的な忠誠心やなんらかの憎悪がひそんでいることにきづくはずである」と（オーウェル 1982: 275）。これはあらゆる差別や偏見について検討する際に念頭に置いておくべき箴言である。ツイッター上で排外主義的言動をくり返す政治家や、路上で機動隊に守られながら特定の民族的背景をもつ人々に対するヘイトスピーチを撒き散らす集団を「レイシスト」と糾弾することは、絶対に必要であるが、ある意味で簡単である（簡単であるからこそ、決して批判を止めてはならない、と強調しておきたい）。だが、わかりやすいかたちで現出している差別主義者だけのことがらであると問題を局所化し、そういった憎悪や敵意は自分には無縁であると上から目線の態度をとることで、みなさんの心の内で無批判のまま温存されている差別感情がありはしないか？　何よりも先に自身の心の中に批判的なまなざしを向けなければならない、オーウェルはそう訴えているのである。

　このような感情について徹底的な点検が期待されるのだが、過度の反省は不要であるし、ましてや自己嫌悪に陥る必要はない。哲学者の中島義道が言うように、そうした差別感情は私たちの内奥から自然発生的に出現してきたものではなく、この社会で生きている過程で学びとった「社会的感情」であるからだ。わたしたちはそれを「家庭や学校における教育によって、同年齢の者からの知的伝播によって、書物や映画その他のメディアによって」身につけてきたのだ（中島 2015: 53）。つまり、そうした差別感情を抱いてしまうみずからを批判することは不可欠だが、何も自身の人格や性根までをも否定して陰鬱な気分になる必要はない。元凶は社会にあるのだから。

　「自分の胸に手を当てて考えよう」。他者に自省的な言動を促す際に使う月並みなフレーズでもって本章を閉じたい。だが、すでにみなさんはその時その手に「ふれる」ものが、個人的な感情であると同時に社会的な産物でもあることに気づいているはずだ。そして、そうした「個人」と「社会」の往還関係を意

識しながら見る社会的現実は、以前とは異なった視野からのものになっている
ような、以前よりも解像度が上がっているような気がしているはずだ。社会学
的想像力をもつ、とはそういうことなのである。 （栢木　清吾）

【図 書 案 内】

ジョージ・オーウェル, 1982,『オーウェル評論集』岩波文庫：本書に収録された「英国に
　おけるユダヤ人差別」と「ナショナリズムについて」は、ともに1945年に書かれたエッセ
　イであるが、人種差別やナショナリズムの問題に関心をもつ者に、今なお「現代的」な洞
　察を多く与えてくれる。

在中日本人108人プロジェクト, 2013,『在中日本人108人のそれでも私たちが中国に住む理由』
CCCメディアハウス.：2012年以降、日中関係が急激に悪化するなか、中国で暮らし続ける
　選択をした日本人たちのリアルな声を集めた好書。姉妹編の『在日中国人33人のそれでも
　私たちが日本を好きな理由』（趙海成編, 小林さゆり訳, 2015）と合わせて読みたい。

【引 用 文 献】

Back, Les, 2007, *The Art of Listening*, Oxford: Berg.（有元健訳, 2014,『耳を傾ける技術』せりか書
　房.）
林望・奥寺淳, 2012,「日本料理店、中国国旗掲げ『自衛』　日本製品撤去も」『朝日新聞』デジタル版,
　9月15日,（http://www.asahi.com/special/t_right/TKY201209150134.html, 2019.6.28）.
中島義道, 2015,『差別感情の哲学』講談社学術文庫.
オーウェル, ジョージ, 1982,「英国におけるユダヤ人差別」『オーウェル評論集』小野寺健編訳, 岩波文
　庫, 259-276.
Qin, Amy and Edward Wong, 2012, "Smashed Skull Serves as Grim Symbol of Seething Patriotism,"
　New York Times, October 10,（https://www.nytimes.com/2012/10/11/world/asia/xian-beating-
　becomes-symbol-of-nationalism-gone-awry.html, 2019.6.28）.
Shepard, Wade, 2012, "Chinese Flags and Nationalistic Posters Save Japanese Cars and Businesses
　in China During Diaoyu Protests," *Vagabond Journey*, September 19,（https://www.
　vagabondjourney.com/chinese-flags-and-nationalistic-posters-save-japanese-cars-and-businesses-
　in-china-during-diaoyu-protests/, 2019.6.28）.
塩原良和, 2017,『分断と対話の社会学──グローバル社会を生きるための想像力』慶應義塾大学出版
　会.
在中日本人108人プロジェクト, 2013,『在中日本人108人のそれでも私たちが中国に住む理由』CCCメ
　ディアハウス.

研究のコトハジメ：他者のにおい、自分の偏り

　大学4年生の頃、中国に留学していた筆者は、5月1日の「労働節」（メーデー）からの1週間の大型休暇、日本のゴールデンウィークに相当する「黄金周」を利用し、隣国のモンゴルに出かけた。かれこれ20年近く前の話である。本当はシベリア鉄道でモスクワまで行きたかったのだが、それだと往路の移動だけで1週間の休みを使ってしまうため、途中のウランバートルを目的地にしたのだ。それでも片道約1500キロメートル、30時間弱かかるなかなかの長距離移動だった。序盤は順風満帆だったのだが、列車が国境を越える直前の駅で、モンゴル人の青年2人が寝台車の同じコンパートメントに乗り込んできてから、そうでもなくなった。原因は青年たちが放つ強烈な体臭である。緯度的に北海道よりも北に位置するモンゴルの5月はまだまだ寒い。それゆえ車内には強めの暖房が入れられていて、青年たちは上着を脱いだタンクトップ姿。筋骨隆々たる青年たちから漂ってくる、なんとも形容できない独特のにおいで筆者は安眠できず、新鮮な空気を求めて車内をうろうろする羽目になったのだ。「顔立ちは同じなのに、やはり違う民族なのだなあ」、騎馬民族や遊牧民といった単語を頭に浮かべながら、このにおいの背景に民族的な差異を察知した気になっていた。

　しかしながら、5日間のモンゴル滞在後、北京に戻る車中でひとつのことに気づき、自己反省を強いられることになった。自分の体からあの青年たちのものと同系統のにおいが出ていたのである。ホームステイ先のゲルで何度もふるまわれたしょっぱいミルクティーや乳製品や干し肉中心の料理に由来するものなのか、水や大気の問題なのか、細かな原因は特定しえないが、要するにそこで生活していたらそういう体臭になる、それだけのことだったのだ。それに、よくよく思い起こしてみれば、青年たちの方も筆者と同じぐらい頻繁にコンパートメントを出たり入ったりしていた。もしかしたら、ニンニクや生姜その他の香辛料をふんだんに使う北京の食事や、醤油や味噌など大豆発酵食品を大量に摂取する日本式の食習慣のせいで、筆者から発せられていた独特の体臭にかれらも辟易していたのかもしれない。

　わたしたちは自分のことを無臭と勘違いし、他者の「異臭」を云々し、違いや隔たりを正当化する屁理屈を並べがちになる。そういう教訓を文字通り身にしみて理解した経験だった。ものの見方や考え方についても同様のことがいえる。わたしたちは自分たちにとってのデフォルト環境のなかで蔓延する偏見や固定観念に気づきにくい。だからこそ身近なことがらを扱う時ほど、自分自身の「身」自体を検討の対象から除外していないか、と注意を怠らないようにせねばならないのだ。

（栢木　清吾）

Chapter 13

「障害」にふれる

■ 第1節 ふれる？

　本書のテーマである「ふれる」。「ふれる」とは、あるテーマや対象を「通して」、社会について、そして自分自身について考えるという意図が込められている。ただ、本章のテーマである「障害」と接合させた場合には、なんとも言いようのない違和感を覚えたのもたしかである。障害をもつ人を対象化しているように感じるし、障害をもつ人の身体に直接ふれるようなことが連想されるからかもしれない。

　しかし、「障害にふれる」と聞いた時に、身体への接触が想起されるということは、あるひとつの想定を前提とするのかもしれない。それは「障害とは身体（心身）のことだ」という想定である。本章では、この障害をめぐる想定について検討してみたい。

　そのために、主にふたつの「障害のまわり」について考えることから始めてみようと思う。なぜ「まわり」にアプローチするのか。それは障害とは、独立した何か明確なものがあるわけではなく、まわり（社会や制度、周囲の人たち）との相互作用によって立ち現れてくる現象だからである。

　考えたいことのひとつは、障害という考え方についてである。すなわち、わたしたちは何を障害と考えている／見なしているのか。実はそれは自明のことで

はない。このことを鋭く指摘したのが「障害の社会モデル」という考え方である。今日、障害をめぐる問題を考えるにあたって、とても大切な考え方になっている。

　もうひとつは、障害のまわりにいる人についてである。わたしたちは、生きていく上でとてもたくさんの人と（本当は）接しているわけだが、もっとも身近な存在として、切っても切り離せない「家族」という存在から考えてみようと思う。実は、家族についてこのように言うのには、少しためらいもある。このような言い回しそれ自体が、家族を「追い込む」ことにもつながりかねないと思うからである。

第2節　障害とは何か

　最初に、障害あるいは障害者について考えてみたい。わたしたちは、障害（者）ということを、どのようにとらえているだろうか。ひとくちに「障害」といってみても、たとえば足がうまく動かない人もいれば、耳が聞こえにくい人、精神疾患の人や、知的障害の人もいる。仮に「足が動かない」といっても、その程度は人によってさまざまである。ただし、共通するイメージもあって、それは「身体になんらかの機能不全がある」というものではないだろうか。障害者とは生物学的・医学的に本来の働きをしていない（機能不全）身体をもち、それゆえ社会生活に困難を抱えている、と。この一読して当たり前のようにも思われる理解は、実は障害の一部分しかとらえていない。なぜなら、先ほど述べたように、障害というのはまわりとの相互作用によって現れてくるものだという視点が抜け落ちているからである。

　たとえば足がうまく動かない人について考えてみよう。その人は、生得的または後天的になんらかの機能不全があって、そのままではわたしたちが普段歩いたり走ったりしているのと同じようには動くことができない。それゆえ、移動に伴うさまざまな困難が生じる。移動するには車椅子や車椅子を押す人が必要であったり、仮にそれらが揃っていたとしても、移動に時間がかかったり、段差があって行きにくい場所や入れない店があるなど、行動が制限されてしまうことがある。この時、先の定義に従うならば、その人自身の身体（足がうまく動かないこと）が原因で、思うような社会活動ができないのだ、と考えられる。

第2節　障害とは何か　　113

しかし、車椅子のような身体の働きを補助する技術があり、介助する支援者が用意され、スロープやエレベーター、あるいは車椅子が通ることを想定したスペースが整備され、動線が確保されれば、その人はスムーズに移動できるようになる。そうなれば、移動における困難は、解消されるのである。つまり、障害者の社会活動を阻んでいるのは、ある身体に十分に対応できていない社会の整備状況である。このように考えると、障害者を障害者たらしめているものは何なのだろうか、という疑問がわいてくる。

「障害は社会によって生み出されている」という障害観は、障害当事者の社会運動のなかから立ち上がってきた。それは「障害の社会モデル」という考え方である。運動のなかでは、先に説明したような、その人自身の身体が原因で社会活動ができないのだと考える従来の障害観を「障害の個人モデル（医学モデル）」と呼んで批判した。というのも、個人モデルにおいては、障害者は、常に現在の社会に適合するよう努力を強いられる存在となってしまうからである。

「障害の社会モデル」という考え方は、障害を２つの水準に分けて考えることを可能にした。ひとつは、足が動かないとか耳が聞こえないといった、身体の特徴そのものである。これをインペアメントと呼ぶ。そして、階段しかない駅の利用ができなかったり、字幕のない映画を観ることができなかったりという、身体と社会の相互作用の結果、生じている不利益である。これをディスアビリティと呼ぶ。

「障害の個人モデル」では、インペアメントを生物学的な機能不全と見なし、それゆえ、その機能の回復を目指した治療やリハビリテーションなどの個人の努力によって通常の社会生活を送れるようにすべきと考えがちなのに対し、「**障害の社会モデル**」では、インペアメントは、あくまで一人ひとりの身体の特徴であり、多様な人がいるにもかかわらず、現状の社会がそのことを考慮していないことを問題化し、社会の方が多様な身体に近づくべきだと考えるのである。

たとえば、耳が聞こえにくい人とのコミュニケーションにおける２つの方向性について考えてみよう。ひとつには、人工内耳をつけることによって、聴覚機能を補い、他者の音声を聞き取ることができるようにする、というものである（ただし、その手術自体が大変であったり、必ずしも誰もが機能の回復が見込めるわけではない）。もうひとつは、たとえば、手話を文字情報や音声情報に変換する技術

の開発や、話し言葉を手話に変換する技術により、聴覚障害者が日頃用いているコミュニケーションのあり方に近づこうとするものである。こちらであれば、個人の身体に負荷をかけることが少なく、コミュニケーションが可能となる。このように考えると、前者は、個人モデル的アプローチであり、後者は社会モデル的アプローチであると考えることができる（事例は、杉野 2014:4-5）。

　このように障害をその人個人の責任であり個人が努力して乗り越えるべきものと見なすか、それとも社会の責任と見なすかで、支援やサービスのアプローチも大きく異なってくる。どちらのアプローチが正しいと、簡単に言い切れるものではないかもしれない。現実には両方からのアプローチがあるのだろう。ただ、「障害の社会モデル」という発想を知る前のわたしたちは、あまりにも個人モデル的アプローチになじんでしまっていたのではないだろうか。私たちの多様な身体の差を無視し、現状では社会生活を送るのに不都合が少ない人の目線で物事を考えてはいないだろうか。

　現状では不都合が少ない、と書いたように、今現在は不都合がなかったり、ないように感じていたりしたとしても、ある日、自分も障害をもつことになるかもしれないし、加齢に伴って身体も変化する。怪我や病気、妊娠等によって、一時的にであれ、階段の上り下りに苦労するかもしれない。重い荷物を持っている時や小さな子ども連れの場合に、街の設計の不便さに気づくかもしれない。その時の社会を不変なものととらえ、自分でなんとか乗り越えるだけでなく、今あるかたちを少し変えることによって、多くの人にとって過ごしやすい状況が生まれるかもしれない、という可能性があるのだ。もちろん、ある人にとって都合の良いことが、ある人にとっての不都合につながる可能性もある。だからこそ、現在の社会状況は、誰かに負担を強いてはいないだろうか、と問うことが必要になる。

■■ 第3節 ┃ 障害のまわり：家族

　社会のあり方を変えようとする時、当事者によるニーズの発信はもちろん重要だが、それに呼応する「まわりの人」の存在もまた重要である。まわりの人とは誰なのだろうか。障害をもって生きることを身近に感じている人から、ほとんどない（と考えている）人までさまざまである。にもかかわらず、多くの人

がもっとも身近な存在として想定するのは「家族」ではないだろうか。

　なんらかの恒常的なケアが必要な場合、ケアの提供機関（たとえば病院）等での医療福祉専門職によるケアだけで完結することはなく、日常生活を送る上でのより細かで多様で膨大なケアやサポートが必要となる。その担い手として、まずは家族が想定されてきた（近年、ケアの社会化の進展により、多少なりともその前提が崩れてきているかもしれない）。

　家族は、当事者ではないが、かといって、当事者ではないまわりの人とまったく同じ立場にあるとも考えにくい。わたしたちは、一人ひとりがどのような考え方に基づいてふるまっているのか以前に、その人の占める地位によって行為の内容に一定の想定をもっている。たとえば、学生であれば勉強する、医師であれば治療をする、母親であれば家事や育児をする、というように。こうした想定（役割期待という）は、たとえば障害者に対しても向けられている。（日本では）多くのまわりの人は、障害当事者をいたわりや同情の対象と見ており、障害者はこの対象としてふさわしくあるために、「愛らしくあること」を期待されているという（石川 1992）。他方で、（愛らしく従順であることと引き換えに）まわりの人々には、障害者のケアやサポートへの積極的な参加が期待されている。さらに、家族は、当事者の声を聞き、代弁者となりうることもある。とりわけ当事者が子どもの場合や、言語によるコミュニケーションが難しい場合等、その人自身の主張が届きにくいと考えられる場合にはそうなりがちである。したがって、もっとも身近なまわりの人として、家族にはやはり特別な期待が寄せられているのではないだろうか。

　この家族に対する期待は、何も障害者や病者をメンバーに含む家族に特有のことではない。近代以降の社会において、家族は、強い愛情規範によってとらえられており、家族内のメンバーのケアは、家族で行うべきであり、それこそが愛情の証であると見なされるのである（岡原 2012 [1990]）。

　では、家族は、当事者を護り、生活上のケアをしつつ、当事者の意思決定をサポートし、代弁者たりうる存在なのだろうか。これはおそらく、そうでもあり、そうでもない。なぜなら、そうした面は確実にある一方で、当事者が葛藤とともに訴えてきたように、究極的には障害児をもつ親による無理心中や、障害児殺しといった、家族が障害者を抑圧してきた事実もたしかにあったからで

ある（横塚 2007 [1975]）。障害あるいは障害者は、社会で否定的に価値づけられてきており、障害児をもつ親も差別される存在であった。そうした社会の価値観を親自身が内面化させられることで、親自身が、子を哀れんだり隠そうとしたりという障害者を差別する主体となる（要田 1999）。近代家族の特徴として、愛情規範とケア役割が強固に結びついていることは度々指摘されているが、家族愛が優位な現代社会では、女性役割と結びついて、母親は自発的に子どもの介護を引き受け、結果的に障害者の自立を阻む「家族の囲い込み」が生じてしまう（岡原 2012 [1990]）。1970年代の日本での障害者の自立生活の実現には、施設からの解放（を可能とする、移動をはじめとする障害者の社会活動を阻まない社会設計）と、家族からの解放の必要性が訴えられてきた（杉野 2007）。ここから読み取れることのひとつは、たとえ家族であっても、その利害は必ずしも一致するものではない、という当たり前だが、見過ごされがちなことである。

　家族と障害については、これまで障害児をもつ親の研究、なかでも家庭での介護や子育てを実質的にも理念的にも担ってきた母親についての研究の蓄積が厚い。しかし、それ以外にも、きょうだいの場合、親が障害をもっている場合、パートナーが障害をもつ場合、これらが重なりをもつ場合。それぞれによって、関係性のあり方は異なってくるだろう。また、家族には、自分自身の生活があるという、これもまた当たり前ではあるが忘れられがちな問題もある。家族とは、身近で切っても切れない存在と思われがちである。そして、現状において、家族によるケアが、当事者の生活を豊かにしうる可能性を意識してしまう。だからこそ、自分の生活を差し置いても家族のケアを背負い込んでしまうことがある。家族による当事者への抑圧がたしかに生じているのだとしたら、それを後押ししているのは、障害とは、家族とは、こういうものだというわたしたちの思い込みなのではないだろうか。

■ 第4節 ┃ 「障害のまわり」について考えること

　ここまで「障害のまわり」について考えてきた。ここであらためて冒頭の写真を見てほしい。この風景はどのように見えるだろうか。まず、車椅子の人は、手前の階段は使えないということがわかる。けれども目を移せば、左手奥のエ

レベーターを利用することで、ディスアビリティ（の一部）は、解消されるだろう。こうした設計は、今では（少なくとも都市部では）よく見られるようになっており、障害者の社会参加は、以前に比べて容易になってきている。こうして、徐々にではあるが、障害のまわりの物理的な困難を減らしていくことができる。

　誰かに負担を強いることのない社会を実現するには、当事者や家族だけでなく、さらにそのまわりにいるわたしたちが、自分の考えやふるまいを常に点検し、更新していくことが必要なのではないだろうか。私たち一人ひとりが障害を構成しているのである。

（佐々木　洋子）

【図 書 案 内】

渡辺一史，2018，『なぜ人と人は支え合うのか　「障害」から考える』筑摩書房．：2018年に映画化された『こんな夜更けにバナナかよ』（原作2003年）の著者が障害介助を通して考えてきたことが、大変わかりやすくまとめられている。避けて通ることのできない相模原事件に言及しつつ、「障害」の表記を含む近年の動向についても説明されており、障害をめぐる入門書として最良の一冊となっている。

「支援」編集委員会，2013，『支援 Vol.3　逃れがたきもの、「家族」』生活書院．：支援・ケアについて考える際に、家族という観点から取り組まれたもの。タイトルにそのエッセンスが表れているが、決して他人ごとでは済まされない、家族ゆえの課題と可能性について丁寧に論じられている。

【引 用 文 献】

石川准，1992，『アイデンティティ・ゲーム──存在証明の社会学』新評論．

岡原正幸，[1990]2012，「制度としての愛情──脱家族とは」安積純子・岡原正幸・尾中文哉・立岩真也『生の技法──家と施設を出て暮らす障害者の社会学　第3版』生活書院，119-157．

杉野昭博，2014，「個人の改造か、環境の操作か」小川喜道・杉野昭博編『よくわかる障害学』ミネルヴァ書房：4-5．

杉野昭博，2007，『障害学──理論形成と射程』東京大学出版会．

要田洋枝，1999，『障害者差別の社会学──ジェンダー・家族・国家』岩波書店．

横塚晃一，[1975]2007，『母よ！殺すな』生活書院．

── 研究のコトハジメ：病気の社会的側面 ──

　学校を休みたい時。単に「休みたい」とだけ言っても、親は納得してくれなかったが、「お腹が痛いので休みたい」と言えば、それは許されていた。「病気」という理由があったからこそ許されたのだ（その代わり、家でじっと寝ていなければならなかった）。次元は違うが、病気として社会的に認知されることで、ある状態やことがらに対する周囲の反応や対応が以前とは変わってくることがある。「落ち着きのない子」が、「ADHD（または発達障害）をもつ子」として理解されるようになることで、単に叱責するのではなく、治療や支援が必要であると考えられるようになる。このように、以前には、医療以外の領域（たとえば道徳や法律）で取り扱われてきたことが、（通常は病気や障害として）医療の問題として取り扱われるようになることを「医療化」という。あらたな病気や障害の概念の「発見」は、科学や医学の進歩によってではなく、さまざまな人のさまざまな思惑とともになされることを医療化研究は指摘している（Conrad & Schneider 1992＝2003）。インペアメントもまた、近代資本主義社会における就労可能性とのかかわりのなかで生み出されてきた概念である（Oliver 1990＝2006）。

　親の会は、医療化に関わる利害集団のひとつである。わたしは、知人の紹介でADHDの親の会に参加するようになり、ほんの一部ではあるがそこで話を聞いてきた。その会は、会としては、会員同士のピアサポートに加え、啓蒙活動などを通じて医療化という現象を推し進める活動もしていたが、参加する人がみな同じ意見だったわけでは当然ない。たとえば診断は受けるべきなのか、学校での支援は受けた方がいいのか、まわりに伝えた方がいいのかどうか。その場で発言した人もしなかった人も、大きな社会的動向のなかで、個々の判断をしようとしている。ADHDや発達障害の理解が進んだ、といわれることも増えてきた。この時、わたしたちは何を理解したことになるのだろうか。その答えはいまだ出せておらず、いつも気になっている。

（佐々木　洋子）

Conrad, Peter and Joseph. W. Schneider, [1980]1992, *Deviance and medicalization : from badness to sickness*, Temple University Press（＝2003, 進藤雄三監訳『逸脱と医療化──悪から病へ』ミネルヴァ書房）

Oliver, Michael, 1990, *The Politics of Disablement*, Macmillan（＝2006, 三島亜紀子・山岸倫子・山森亮・横須賀俊司訳『障害の政治──イギリス障害学の原点』明石書店）

Chapter 14

「魂」にふれる

（2018年1月17日撮影）

■ 第1節 「魂」にふれる

　この章では「魂」にふれるというテーマについて考えたい。魂ということばをよく用いる、あるいは耳にするという人は、そう多くないのではなかろうか。社会学で扱われる多くのテーマと同じく、魂もまた目に見えない。そのためことばとしては知っていても、日常生活から遠く離れたものを指しているように思えるかもしれない。なかには魂はそもそも「ある」のか。あるとしても、それはどのように説明できるのかと思う人もいることだろう。

　人間の集合行為を通じてつくられる社会は、見えない魂をわたしたちに見えるようにしてきた。同時に、社会の秩序はあなたを含む人々の魂を巧みに治めようとしてきた。このように魂には、社会のさまざまな動きとせめぎあうとこ

ろがある。これを考えることで、わたしたちの魂にふれてくる社会の動きをつかむヒントが得られるに違いない。以下、魂をめぐる社会の動きに筆者自身が気づかされた過程を記しつつ、①儀礼が可視化する魂、②権力に晒される魂、③社会構想における魂という論点を、具体的に見ていこう。

■■ 第2節 ┃ 「魂」への気づき

　冒頭の写真の現場を訪れる過程で、筆者は魂という対象に気づかされていった。これは阪神・淡路大震災の発生日である1月17日に神戸の東遊園地という公園で開かれる集まりのひとつ、阪神・淡路大震災1.17のつどいの様子だ。震災後3年が経過した1998年から開始された、竹灯籠を用いた象徴的な追悼会場である。この集まりに継続的に参列しだした2012年以降、筆者は訪問者が書き残す「震災メッセージ」の内容に惹かれるようになった。

　メッセージが記されるのは、会場に並ぶテントの1つに設けられた、白幕とストーブ、事務机にカラーペンが置かれただけの至ってシンプルな場所である。書き込みは早朝からまばらに記されていくが、夜になれば幕の余白がなくなるほどになる。目に飛び込んでくるものは「神戸が大好き」「命の大切さ」「絆」「希望」「夢」「平和」「協力」「復興」といった、大文字で記される一言だ。それらの余白には、親密な関係を思わせる故人への書き込みや、安易な一元化を拒むほどに多様な背景をもつ人たちによる書き込みがなされていく。

　2017年には「今年も会いに来たよ！！やっぱり寒いね」、「1994ネンにうまれました。記憶にはないけどここに来ることに意味がある気がしています」（原文ママ）と記されていた。「今年も会いに」「ここに来ること」で訪問者は誰と出会うことになるのか。言いかえると「ここ」に集う人たちとは何者なのだろうか。

　意外だったのは、そこでは大災害から連想される遺族はもとより、「震災遺児」（2015年）、元「ボランティア」（2012年）、「PTSD」（2012年）を抱えた人だけでなく、「広島被爆二世」（2012年）や福島「第一原発」の元労働者（2015年）や東北（仙台、気仙沼、福島、相馬…）、インドネシア・アチェ（2015年）、熊本（2017年）といった神戸以外の戦災地・被災地に連なる書き込み、さらにはハングル

（朝鮮語）や台湾語など多言語での書き込みも見られたことだ。

　このように阪神・淡路や日本といった地域的かつ国民的な境界で括ることが困難なほど、「ここに来ること」で体感される「意味」には、阪神・淡路大震災以外の経験にも開かれたものがあった。発生から20年以上が過ぎてなお、このように想像され続ける阪神・淡路大震災に気づかされた時（塩原・稲津編2017: ch.11）、筆者は次の書き込みに思わず目を奪われていたのだった。

■■ 第3節 ┃ 儀礼が可視化する「魂」

> 「肉体は亡くなっても魂は生きていると思います。あの世とこの世は契の絆で結ばれていると信じます。共に頑張っていきましょう！」（2013年）
> 「彼の魂も 遺りし人の 身にやどり 今日の集いに 寄りて息吹けり」（2014年ママ）
> 「すべての魂に『どうか見守っていて下さい』そして忘れませんと誓いを申し上げます。」（2016年）

　これらのメッセージにふれた時、筆者の抱いていた考え方は根底から覆されてしまった。それは「ここ」に集まる者たちが、「肉体」をもった生者（生存者）に限られる、という前提である。この集まりに集うのは誰かという疑問を上に記したが、これらをふまえるならば「肉体が亡くなった」「彼の魂も遺りし人の身」で「生きて」おり、「今日の集い」に「寄り」集まっている、ということになる。「あの世とこの世」の境を越えながら、「すべての魂」が「息」をし、「共に」「見守り」「誓い」あう空間。それが「ここに来ること」で得られるもうひとつの「意味」だとすれば、この白幕は普段は見えない「すべての魂」からのメッセージが、追悼に集う人たちの身体を介して可視化される場としてとらえられる。

　このように儀礼の場の集合的沸騰を通じて、魂は社会的に現れる。これはこの事例に限られたことなのか。オーストラリア先住民の宗教生活を検討したデュルケーム（E. Durkheim）も「われわれは、霊魂が肉体をもっていること、あるいは少なくとも肉体の外形をとりうること」を記している（Durkheim 1912=1975: 12）。ここでデュルケームが儀礼のさまざまなバリエーションを検討していたことはとても興味深い。なぜなら、人間社会が築く秩序のあり方しだいで、儀礼に現れる魂の内実もまた変化すると考えられるからだ。

122　● 第14章 「魂」にふれる

ここまで、この儀礼が他者を含めた「すべての魂」に開かれている様を記してきた。実際にその背景を調べると、つどいを象徴する竹灯籠の配置とその内容が、ある時を境に変化してきたことが思い出されたのだった。次の『神戸新聞』の記事を読んでみたい（「『KOBE』が消えた意味」2003年1月30日）。

　　　阪神・淡路大震災から丸八年を迎えた一七日未明…「追悼のつどい」が開かれた三宮・東遊園地に立った…今年も「あの日」を「ここで」迎えようと足を運ぶ人が絶えなかった。復興への願いを込めた「希望の灯（あか）り」を分灯し、犠牲者の数と同じ六千四三十三の竹灯ろうが映す「1.17」の文字。今年から、その数字に続く「KOBE」の文字が消えた。「神戸に限らず、悲しみを抱える多くの人が集える場に」との遺族らの願いからだった。会場には、全国から事故や犯罪犠牲者の遺族が集い、胸の内を吐露し合った……震災の記憶の風化が叫ばれる中、新たな思いが広がり始めている。

　記事からは、この頃より「KOBE」に限定されない「悲しみを抱える多くの人が集える場」づくりによる「新たな思い」方への転換があったことが窺える。そのきっかけとなったのが、「事故や犯罪犠牲者の遺族」との交流であった。集まりの秩序が変わることで、「『あの日』を『ここで』迎え」る「意味」もまた変わっていく。それにより、上のように「すべての魂」と喪に服す条件も整えられていった。このように儀礼を通じて可視化される魂には、人間のつくり出す社会秩序のあり方に応じて変化するところ（存在拘束性）があるといえる。

■ 第4節 ‖ 権力に晒される「魂」

　しかし、「すべての魂」が社会秩序のもとにいつも等しくあるわけではない。とくに「私たち」と「彼ら・彼女ら」が分断され、前者が後者を序列化する状況はその最たる場面だ。魂と社会秩序とのかかわりをこのように理解していく時、それがさまざまな権力に晒される状態にあることも見えてくる。たとえば、デュボイス（W.E.B. Du Bois）の『黒人のたましい』は、肌の色に基づくカラーラインによる人種差別を問題化した古典である。彼は「アメリカ人であることと黒人であること」が「自己の魂」に与える影響について、次のように述べる。

このたえず自己を他者の目によってみるという感覚、軽蔑と憐びんをたのし
　　みながら眺めているもう一つの世界の巻き尺で自己の魂をはかっている感覚
　　……はじつに異様なものである（Du Bois 1903=2006 : 16）。

　この「もう一つの世界」とは、白人社会のことを指している。彼はアメリカの
『黒人のたましい』が、白人との二重意識として理解せざるをえない不条理を
問うた。それは魂のあり方にまで介入してくる白人中心の社会の論理にほかな
らない。これは彼の同時代人であるウェーバー（M. Weber）の権力理解をふま
えるとよくわかる。ウェーバーは権力を「或る社会的関係の内部で抵抗を排し
てまで自己の意志を貫徹するすべての可能性」と定義する（Weber 1922=1972: 86）。
　つまり、黒人社会の「抵抗を排してまで」「貫徹」される白人社会の「意志」
がある時、両者にとっての権力、とくに黒人にとっての人種差別がある。これ
こそカラーラインということばが問題化した、白人中心社会の論理にほかなら
ない（Du Bois 1903=2006）。このように魂を権力との関係においてとらえた時、
デュボイスたちの議論は、ヘイトスピーチやヘイトクライムといった差別と暴
力から未だ解放されていない日本社会を考える上でも示唆に富む。
　それは過去の出来事と同時に、過去をどうとらえるかという今を生きるわた
したちの歴史認識においても問われる。たとえば、1923 年 9 月 1 日の関東大震
災後のデマにより、自警団や警察が朝鮮人や中国人などを多数殺害した史実や
証言がある。だが近年、この犠牲者を追悼する式典にて、虐殺を否定、もしく
は修正する行為が台頭している（「静かな追悼の場に『ヘイトスピーチ』関東大震災犠
牲者追悼式典ルポ」『毎日新聞』2019.9.10）。これは追悼されない生を人種差別とし
てつくりだすことで、魂を序列化する行為といえる。
　加えて、魂と権力との関係で無視できないのが、魂をめぐる統治性の問題で
ある。統治性とはわたしたちに主体的なふるまいを促す力、それ自体の成立や
影響を問う議論である。ウェーバーの述べるような権力を生み出す知識、言う
なれば、権力をつくる権力といってよい。たとえば、ローズ（N. Rose）は『魂
を統治する』という著書において、「わたし」という「心」があることを、そ
もそも人々のあいだに意識させた権力とは何なのかを問いなおしている。

ローズによると、それは20世紀の総力戦を通じて発達した心理学的知識である。戦争というと過去の話のようだが、それが生み出した影響から今のわたしたちも決して自由ではない。国のために躊躇なくみずからの命を投げ出す兵士や、銃後の労働者が大量に生み出される過程で、わたしたちの「魂」は「魂[心]を統治するためのプログラムや計算や技術」のような客観的な知識、規範、判断基準に従う統治対象と見なされていったという（Rose 1999＝2016: 53）。

　こうした魂を統治する権力は人間が労働者として賃金を得る過程にも深く結びついている。『魂の労働』を著した渋谷望によれば、統治性の権力は、現在も労働現場をはじめ日常に蔓延しているという（渋谷 2003）。たとえば、就職活動時に職業の向き不向きを判断する心理テスト、書店の書棚やスマホのスクリーンから飛び込んでくる自己啓発、ダイエット、ライフスタイル情報の数々、職場のマニュアルやストレスチェックなどを思い浮かべてみてほしい。こうした「自己改革やセラピー、身体調整の技術、そして話し方と感情の計画的な再形成を通じて、私たちは自らを調整する」。とはいえ「その技術は心[魂]の専門家から提案されたもの」だ（Rose 1999＝2016: 56）。

　私たちは自分の内面は自分で決めている（決められる）と思いがちである。だが、そこに働きかける社会の動きに気づけば気づくほど、私たちの魂（心）が普段からどのような権力によってつくられているのか（統治されているのか）を理解できるに違いない。

■■ 第5節 ┃ 社会構想における「魂」

　このように魂は、「わたし」自身の気づきと、社会秩序とのかかわりにおいて現れる（第2節・第3節）。それゆえに、人間のつくる権力にも晒されている（第4節）。ここから魂には個人の内面である「心」に還元しつくされない、社会的な存在拘束性がある。だが、それは魂の社会への隷属を意味しない。むしろ、人々の魂に働きかける社会秩序をつくる権力、ひいては統治のあり方を理解することで、別様の社会のあり方を構想する道筋も開けてくるに違いない。

　『社会学入門』書のなかに、「魂のこと」と「社会の構想」がセットで論じられる書籍もあるように、魂は社会のあり方のみならず、社会学のあり方が問わ

第5節　社会構想における「魂」　　*125*

れる際にも、欠かすことのできないテーマの1つである（見田 2006）。これについて見田宗介は、「魂のこと」は「権力のこと」そして「貨幣のこと」から逃れられない、という仮説を示している（ibid:169）。「権力のこと」と「貨幣のこと」との結びつきは、上に言及した渋谷望の『魂の労働』で展開された新自由主義（ネオリベラリズム）の権力分析が参考になるだろう（渋谷 2003）。

　そして、今はこの仮説に「自然のこと」を改めて付け加えてもいいかもしれない（真木 1977=2003）。というのも、2011年3月11日に起きた東日本大震災を契機として、人々の「霊性」が問いなおされてきたからだ。金菱清は幽霊を迎えるタクシードライバーをはじめとした震災体験の聞き取りに基づきながら、一見、科学的かつ合理的に思える復興政策ではなく、非合理で言語化されない、死者と自然を含めたローカルな知に基づく社会構想の必要性を述べる（金菱 2016）。

　たとえば、災害被災地の復興は、まさに権力、貨幣、自然とのあいだの緊張関係からの社会構想が問われる現場である。だが、そこに本章で論じてきた魂の社会的な位相はどれほど考えられてきただろうか。仮にその位相を権力／貨幣／自然との緊張関係において見立てるならば、それが問われるのは災害のような非常事態に限らない——本書で論じられてきた人々の日常場面において問われている課題であるはずだ。このように「魂にふれる」ことは、「わたし」という個人を含めた人々の魂のあり方に関わる社会の論理を想像する力（Sociological Imagination）を喚起させる行為にほかならない。

（稲津　秀樹）

【読書案内】

デヴィッド・グレーバー，酒井隆史訳，2017，『官僚制のユートピア—テクノロジー、構造的愚かさ、リベラリズムの鉄則』以文社．：私たちの生活は融通の利かない規則や規制で溢れている。あなたが公務員でなくともこなさねばならない書類仕事の量は、そう望まれているかのように増大するばかりだ。全面的官僚制化の時代の私たちの魂と想像力の行方。

森正人，2017，『展示される大和魂—〈国民精神〉の系譜』新曜社．：魂から「大和魂」という語を連想する人も多いだろう。偉人イメージ、展覧会、史跡、映画などの検討から、「国民精神」としての「大和魂」がいかにつくられたのかを捉えなおす。ナショナル・アイデンティティ論の鉱脈へ。

鶴見和子，1998，『コレクション鶴見和子曼荼羅Ⅵ 魂の巻――水俣・アニミズム・エコロジー』
　藤原書店．：「身のうちに死者と生者が共に棲みささやき交す魂ひそめきく」－水俣病以降
　を生きるすべての「若い生命に」託された内発的発展論の批判的想像力／創造力－その萃[すい]
　点[てん]へ。

【引用文献】

Du Bois,William Edward Burghardt, 1903, *The Souls of Black Folk: Essays and Sketches*, Chicago: A.
　C. McClurg（木島始・鮫島重俊・黄寅秀訳，2006，『黒人のたましい［新装復刊版］』未来社.）

Durkheim, Émile,1912, *Les Formes Élémentaires de la vie Religieuse : Le Système Totémique en
　Australie*,Paris（古野清人訳，1942，『宗教生活の原初形態（下）』岩波文庫.）

塩原良和・稲津秀樹編，2017，『社会的分断を越境する――他者と出会いなおす想像力』青弓社.

金菱清，2016，『震災学入門――死生観からの社会構想』ちくま新書.

真木悠介，1977＝2003，『気流の鳴る音――交響するコミューン』ちくま学芸文庫.

見田宗介，2006，『社会学入門――人間と社会の未来』岩波新書.

Rose, Nikolas, 1999, *Governing the Soul :The Shaping of the Private Self*, 2nd ed.,Free Association
　Books（＝2016,堀内進之介・神代健彦監訳『魂を統治する――私的な自己の形成』以文社.）

渋谷望，2003，『魂の労働――ネオリベラリズムの権力論』青土社.

Weber, Max, 1922,"Soziologische Grundbegriffe," in *Wirtschaft und Gesellschaft*, Tübingen: J.C.B.Mohr
　（清水幾太郎訳，1972，『社会学の根本概念』岩波文庫.）

第5節　社会構想における「魂」

研究のコトハジメ：出来事と問題意識

　「なぜ、私は生きているのだろう」「ここはどこなのだろう」「街とは何なのだろう」……大学入学前からぼんやりと抱いてきた問題意識は、このようなものだったと思う。これらは自分で見つけたというよりも出来事との遭遇や、他者とのかかわりから与えられたものではないかという感覚が、年々強くなっている。

　1995年1月17日のこと。当時暮らしていた神戸市内で本文にもふれた阪神・淡路大震災と遭遇した。とてつもない音と揺れの後、多くの人が亡くなった。そこで私は生き残った、という結果を突きつけられた。その後、再開された小学校の授業中の課題で「グラグラと／揺れた後に飛び出して／本当にここは／長田の街かな」という短歌形式の詞を記した。上のいくつかの問いかけが、災害との遭遇体験と、ことば（詞）を紡ぐ機会を通じて自然や他者から与えられたものだと考える根拠だ。当時のことでは覚えていないことも多くあるが、その後、論文にしてきたことも（してこなかったことも）、これらの問いかけから始まり、折をみて、これらの問いかけにかえってきているような、そんな気がしている。

　わたしたちはみずからの問題意識を、何もないところからすべてひとりで発見しなくてはならないと思い込んでいないだろうか。本文で紹介した統治性論のように、何かによってそう強いられていないだろうか。「受け身」であることは、主体的な「コミュニケーション能力」が求められる時代にあって、一見劣った姿勢とみなされる構えかもしれない。だが、少なくとも私は、災害をはじめコントロール不可能な出来事との遭遇体験を抜きに、みずからの問題意識を見出すことなどできなかった。

　まだ修士課程の大学院生だった頃、日本語教室へのボランティアを介して、私は阪神地域のある団地で、妻子とともに働きながら暮らしている日系ペルー人の男性と出会った。彼と知り合ってからしばらくたったある夜のこと。彼は周囲から犯罪者まがいに一方的にまなざされていることへの不安を、畳みかけるように私に語ってくれたことがあった（稲津 2012）。結果論でなく過程の話として、ひとりの人間の力では抗えない状況と遭遇する場面から生まれる切実な問いかけがあるということ。そして、そこにこそ社会学のことばが必要とされる条件がある、とわたしが考える理由である。

（稲津　秀樹）

　稲津秀樹，2012，「移動する人びと／エスニシティのフィールドにおける『自己との対峙』
　　──可視性に基づく問いから関係性に導かれた問いへ」『社会学評論』63（2）：185-202.

Chapter 15

100年前の社会学 にふれる

　最終章では、社会学的な「ものの見方」つまり社会のしくみに「ふれる」ための視点について考えてみたい。具体的には、わたしたちの日々のふるまいや考え方が、社会の影響から「自由」ではないこと、そして、わたしたちのふるまいや考え方が、社会を構成し、社会そのものを変えていく、という視点だ。

　具体的な中身については、各章14テーマをじっくり読んでほしい。ここで主に取り上げるのは次の3冊、デュルケーム（E. Durkheim）の『社会学的方法の規準』、ウェーバー（M. Weber）の『社会学の根本概念』、ジンメル（G. Simmel）の『社会学の根本問題』である。およそ100年前に書かれたこれらの作品は、社会学の根本的な「ものの見方」を示した古典として読まれており、社会学の教科書で必ず紹介される。本書もまた、他の教科書と同様に、この3冊について言及するわけだが、本書では最終章で紹介することにした。

　なぜなら、100年前の作品について考えることは、現代を生きるわたしたちにとってあまり馴染みのない、普段の生活からは想像がつかない時代のことを考える営みであるため、教科書の冒頭で古典について考えることは、読者にとってかなりハードルが高いと考えたからである。古典の重要性を伝えるには、むしろ、現代的なテーマを扱った「後」の方が良いのではないか。一見すると小難しそうにみえる100年前の文章も、現代的なテーマとの関連で読み返してみると、先人たちの難解なことばが息を吹き返すように、現実味のあることばとして理解できるのではないか。上記3冊を最終章で取り上げるのはこうした理由からである。そもそも、古典が古典として読み継がれているのは、その時々の日々の暮らしを人々が考える際に、古典が多くのヒントを提供してくれるからにほかならない。

　なお、当然ながら、重要な古典作品はほかにも数多く存在する。紙幅の都合もあるが、本章があえてこの3冊に限定する理由は、他の多くの古典作品の源流を上記3冊に求めることができるからだ。社会学的な「ものの見方」の鉱脈を掘り進めていけばこの3冊に行き当たる。したがってこの3冊は、本書の14

テーマの基底にある問題意識を学ぶ上で最適な3冊なのである。そして先人たちから受け取った「ものの見方」がより良い社会をつくってくために必要であることを最後に提起したい。

■ 第1節 ┃ 社会から「自由」？：E. Durkheim

わたしたちの日々のふるまいや考え方が、社会の影響から「自由」ではないとはどういうことか。デュルケームは、社会学的な方法を定式化した『社会学的方法の規準』のなかで、社会が個人の外部に存在し、わたしたちの日々のふるまいや考え方を拘束すると説明した（Durkheim 1895=2018：50-52）。飯テロでもスニーカーでもよいが、ここでは「納税」で考えてみよう。デュルケームによれば「納税」の務めを果たすという行為は、社会のなかにすでに存在する義務を果たすことになるという。つまり、「納税する」という義務の存在は、あなたが一から考えついたものではなく、あなたが生まれる前からこの社会に存在し、それをあなたが（広い意味での）教育によって受けとったものなのである。ここで「受けとった」と表現したが、デュルケームによれば、その「義務」とは字義通り、個人が望もうが望むまいが個人に課されるという意味で、強制的であり、個人の行為を拘束する。

このように、個人に対して外的拘束を及ぼしうる「物」こそ、社会学が扱わなければならない固有の研究対象であるとデュルケームは主張し、その「物」としての社会を「社会的事実」と呼んだ。その典型例として、法、道徳、慣習、社会的潮流などがある。

デュルケームの主張をふまえると、個人の行為は、みずからの意思で選んで決めたもの、とは断言できなくなる。デュルケームがわたしたちに問いかけているのは、わたしたちの目の前にある選択肢はなぜ「選択肢」として目の前にあるのか、差し出された「選択肢」以外の選択肢が存在しないようにわたしたちに見えているのはどうしてか、そう見えるのはなんらかの社会的な拘束力が働いた結果ではないのか、ということだ。

■■ 第2節 ┃ 社会を構成し、変えていく：M.Weber／G.Simmel

　一方で、わたしたちは社会から拘束されるだけの受動的な存在ではない。わたしたちのふるまいや考え方が、社会を構成する。言い換えると、あらゆる社会現象は、わたしたちの行為が集まったものでもある。デュルケームと同時代を生きたドイツの社会学者ウェーバーは、社会について考える際、人々の行為を理解しなければならないとした。ではどのように人々の行為を理解するべきか。ウェーバーによれば、社会学の目的は、行為の意味を動機にさかのぼって理解することにある（Weber 1922=1972:14）。先の事例を引きあいに出そう。納税するのは、市民サービスを享受するためか、社会のルールに従おうとするみずからの信念に従うためか、「納税すべし」とする世間的な風潮を気にするためか。このように、行為を理解するためには動機に遡る必要があるのだ。

　ウェーバーの代表的な作品のひとつに『プロテスタンティズムの倫理と資本主義の精神』（Weber 1920=1989）がある。詳細は省くが、この作品では、利潤追求（金儲け）のためではなく、信仰を守るために禁欲的な生活を送っていたプロテスタント（キリスト教諸教派の信徒）たちの行為が、逆説的にも、利潤追求を主たる特徴とする資本主義の社会を生み出したことが指摘されている。人々の行為が社会を構成するという、ウェーバーの考え方が見事に結晶化した作品だ。

　次に、ドイツの社会学者ジンメルを参照しよう。ジンメルもまた、デュルケーム、ウェーバーと同時代を生きた社会学者である。ジンメルは、個人間ないしは集団間の相互関係、いわば人間同士のやりとりこそが社会を構成すると主張した人物だ。たとえば、国家、家族、階級といった客観的に観察可能なものにみられる関係性もさることながら、妬みあう、手紙のやりとりをする、誰かに道を尋ねる、相手のことを考えて着飾ったり化粧したりするといった、些細なやりとりもまた、社会を構成する（Simmel 1917=1979：20-22）。

　そしてジンメルは、人間同士のやりとりの、とくにその「形式」に着目することが重要であると説く。たとえば、あなたと年上の人物が日々の学生生活でやり取りをしているとしよう。その関係性は、先輩後輩といった「上下関係」にあるのか、サークル内で切磋琢磨する「競争関係」にあるのか、互いのファ

ッションを真似る「模倣関係」にあるのか、あるプロジェクトを進めるために
それぞれの仕事を分担する「分業関係」にあるのか。こうした人間関係の「形
式」をジンメルは社会学の分析対象としなければならないとした。納税の事例
でいえば、市民が自治体に納税し、自治体は各種サービスを市民に提供すると
いう関係性が指摘できる。「サービスが納税の見返りとして返ってくるだろう」
と考える市民と「市民は納税してくれるだろう」と考える行政の互いの信頼に
基づいた「信頼関係」として把握できるかもしれない（誰もが生活を保障されるべ
きだという前提の上で）。

　そしてここでおさえておきたいのは、ジンメルが「個人が相互に変化を与え
合う能動及び受動のダイナミズムの現象」（Simmel 1917=1979：22）として社会
を認識している、という点だ。つまり、人間同士のやりとりによって絶えず生
起するのが社会なのであり、ゆえに、社会のあり方は人々の日々の相互関係に
よって絶えず更新され、変化しているともいえる。

■ 第3節 ┃ 社会と個人の循環

　以上、デュルケームは社会がわたしたちの行為を拘束するとし、ウェーバー
やジンメルは、わたしたちの行為ややりとりが社会を構成し、変えていくこと
を主張した。社会学では前者の考え方を方法論的全体主義／社会実在論、後者
を方法論的個人主義／社会唯名論と呼ぶ。

　ただし、デュルケームが人々の行為の影響力を完全に否定したわけではない
ことにも注意が必要だ。たとえばデュルケームは次のように述べている。

　　……何らかの理由によって、われわれの意志が突如変わったとしてみたまえ。
　その時、われわれ諸個人の意志に依存していた社会という一大建造物は、音を
　たてて瓦解するか、あるいは大いなる変容を遂げずにはいないだろう（Durkheim
　1925=[1964] 2010：416-17）。

　人々の行為を拘束する社会は、一方で、わたしたち個人の意志に依存してい
る。だからもし、わたしたちの意志が突如として変わり、社会の「当たり前」
や「正しさ」に問いを突きつけることになれば社会は変わる。むしろ、変わら

ざるをえない。

　そしてウェーバーやジンメルもまた、個人に対する社会の影響力を完全に否定しているわけではない。先のウェーバーの『プロテスタンティズムの倫理と資本主義の精神』を訳した大塚久雄は、プロテスタントたちの行為が生み出したはずの資本主義の社会が、今度は、人々の行為を外側から強制するようになったと述べている（大塚1972：405）。こうした見方はデュルケームの社会的事実の考え方に近いといえる。

　実はジンメルも次のようなことばを記している。

　　　諸個人を超える集団という統一体をフィクションと見るにせよ、リアリティと見るにせよ——とにかく、事実を理解するためには、この統一体を独自の生命、独自の法則、独自の性格を有する主体であるかのように取り扱わねばならない（Simmel 1917=1979：45-46　傍点引用者）。

　以上、3冊の古典を参照しながら、社会学的な「ものの見方」の輪郭を素描してきた。社会が個人を、個人が社会を相互に規定しあいながら、わたしたちが暮らすこの社会は成り立っているのである。

　こうした「ものの見方」をふまえた上で、あらためて本書の14のテーマを読み返して欲しい。すると、一見バラバラにみえるテーマ群に通底する、共通した問題意識や社会観が見出されるはずである。たとえば第1章では、スマホを使って誰かとやりとりを続けるように社会が強制する一方で、その行為ややりとりが、スマホを使用することを当然視する社会を構成し、スマホの使い方次第では、人々のあらたなつながりや別様の社会を作り出すきっかけとなることが指摘されている。第9章でも、社会から強制される性のあり方と、その社会のあり方そのものを変革してきた人々の運動史に焦点が当てられている。第13章でも、障害を障害たらしめ、理想的な家族像を押しつけてくる社会のあり方と、一方で、わたしたち一人ひとりがその社会を構成していることに自覚的であることが求められている。

　本書の冒頭で（「はじめに」）、身近な事柄に「ふれる」ことが、実は社会の大きなしくみに「ふれる」ことでもある、と述べたが、少しはイメージしていただけたのではないか。スマホに「ふれる」という、一見個人的ともいえる些細

第3節　社会と個人の循環　　*133*

な行為は、わたしたちの行為を拘束してくる社会のあり方に「ふれる」ことでもあり、その些細な行為や人々のやりとりが、社会を構成し、社会のあり方を変えていくことにつながっていくのである。

■■ 第4節 ‖ 生き抜くために社会に「ふれる」

デュルケーム、ウェーバー、ジンメルは、社会としか呼びようのない、目の前であやしく蠢く何かにふれるために力を注ぎ、数々の作品を残してきた。本書の執筆者は、彼らをはじめとする数多くの研究者から社会学的な「ものの見方」を学んできた。そして本書は、その視点をあなたに手渡すために編まれている。本書はわずか14の現代的なテーマを取り上げたにすぎない。社会学の「ものの見方」をもって「ふれる」べき社会のしくみは、わたしたちの身の回りに、まだまだあふれかえっている。

ところで、こうした視点を習得することにはどのような意味があるだろうか。結論を先に述べると、社会学的な「ものの見方」を身につけることで、社会への「ふれかた」を変えることができ、その「ふれかた」の変化が、社会をより良いものへと変えていく原動力となる。ここで必要なのは、社会への「ふれかた」を変えるために必要な想像力である。そしてあなたにも、その想像力が必要な時が必ず来るだろう。

それではその「必要な時」はいつ訪れるのか。各章が指摘したように、わたしたちの身のまわりには、わたしたちをとらえて離さない社会のしくみが存在する。その意味ではいつでも、すでに、必要な状況に置かれているのかもしれない。『なにかが首のまわりに』という本では、「黒人」の「女性」として差別に直面し、寝る間際、首のまわりに何かが巻きつく感覚に襲われながら眠りにつく人物が描かれている（Adichie 2010=2019：168）。わたしたちもまた、さまざまな社会的カテゴリー——ジェンダー、セクシュアリティ、人種、障害、子ども、若者、労働者、観光客、被災者等——を生きており、時に息苦しく思いつつ、社会のしくみにふれながら暮らしてはいないだろうか。

悲しみ、悩み、さらには喜びといった日々の暮らしのなかで経験されることがらは、たいていの場合、きわめて個人的なものとして認識される場合が多い。

そうした感情の揺れ動きや自分が置かれた状況も、実際には社会のしくみに振り回されている可能性があるにもかかわらず。ミルズ（W. Mills）は、そうした個人にとっての私的な「問題」を罠（trap）と呼んだ。そして個々人をとらえて離さない罠を、それをつくりあげてきた歴史的かつ公的な問題と関連づけるよう、わたしたちに呼びかけている。なぜなら、個人の悩みや喜びといった事柄は、意外なことに、「みんなの問題」の一部分だったりするからだ。彼は、私的な問題と公的な問題を結びつけ、洞察する想像力を社会学的想像力と名づけた（Mills 1959=2017：15-29）。その想像力は、みずからを取り巻く社会のしくみとの折りあいをつけたり、しくみそのものを振り払ったり、つけ替えたりする方法をみずからひねり出すための力だといえる。

　わたしたちは社会の一員であり、社会に振り回されるだけでなく、それを組み変える存在でもある。それゆえに、わたしたちの社会のしくみへの「ふれかた」しだいでは（意図にかかわらず）人々を傷つけてしまうことがある。たとえば、さまざまなハラスメントに激怒する「思いやり」のある人物が、人種差別を公然と行う著名人をキャラクター化したゲームへの愛着を語る時、その人物は、人種差別を構成する社会の維持に加担している。その人物に誰かを傷つける意図はないのかもしれない。だが、「そんな人物だとは知らなかった」「話題の作品だからそこはスルーしておこう」という判断がなされるならば、その判断自体が、誰かの心身を深く傷つける瞬間をつくるきっかけにはなりうる。気づかず・知らず・みずからは傷つかずにすませられることこそ、マジョリティ（多数派）のもつ特権（Privilege）だといえるだろう。

　こうした特権に甘えながら暴力をふるっていないかどうかを自省する力がわたしたちには求められている。さらにいえば、特定の社会的カテゴリーを生きる人々に困難や負担が集中する社会をベターなモノに変えていくために必要な力をともに培っていかなければならない。この力こそ、わたしたちが身につけなければならない社会学的想像力である。社会への「ふれかた」を変更し、社会を「より良いもの」に変えていくために必要な想像力をあなたが求めた時、本書が、そして、100年も前から連綿と続いてきた社会学の知識が役に立つと信じている。

（ケイン樹里安，上原健太郎）

第4節　生き抜くために社会に「ふれる」　135

【引用文献】

Adichie,Chimamanda Ngozi, 2009, *The Thing Around Your Neck*, Fourth Estate Ltd.（くぼたのぞみ訳，2019，くぼたのぞみ訳『なにかが首のまわりに』河出文庫.）

Durkheim, Émile, 1895, *Les règles de la méthode sociologique*, Felix Alcan.（宮島喬訳，1978，『社会学的方法の規準』岩波文庫.）

──── , 1925, L'Éducation Morale, Felix Alcan.（麻生誠・山村健訳，[1964] 2010，『道徳教育論』講談社学術文庫.）

Mills, Wright, 1959, *The Sociological Imagination*, Oxford University Press.（伊奈正人・中村好孝訳，2017，『社会学的想像力』筑摩書房.）

大塚久雄，1989，「訳者解説」大塚久雄訳『プロテスタンティズムの倫理と資本主義の精神』岩波書店.

Simmel, Geolg, 1917, *Grundfragen der Soziologie: Individuum und Gesellschaft.*（清水幾太郎訳, 1979, 『社会学の根本問題──個人と社会』岩波文庫.）

Weber, Max, 1920, *Die protestantische Ethik und der 》Geist《des Kapitalismus, Gesammelte Aufsatze zur Religions soziologie*, Bd. 1, SS. 17-206.（＝大塚久雄訳，1989，『プロテスタンティズムの倫理と資本主義の精神』岩波書店.）

──── , 1922,"Soziologische Grundbegriffe," in *Wirtschaft und Gesellschaft: Grundriss der verstehenden Soziologie*. J.C.B. Mohr.（清水幾太郎訳，1972，『社会学の根本概念』岩波書店.）

コトハジメる コツ！

▶▶▶あなたが大学生ならば、ノートの取り方、レポートや卒論の書き方で一度は悩んだことがあるだろう。実は、これら一つひとつにもそれなりに上手くこなすことができるコツがある。ということで、本コーナーでは、研究／大学生活のスタートにおいて、具体的に「役に立つ」コツの事例を紹介したい。

　授業内容をどのようにノートにまとめればいいのか。調査の際はどのように記録を取ればいいのか。記録した情報のどこに注目すればいいのか。レポートや卒業論文を執筆する際に大切にすべきこととはいったい何か。いろいろと悩むことがあると思う。こうしたことをうまくやれるかやれないかは、個人の心構えや精神論、センスや管理能力の有無等で片づけられがちだ。こうした話題をあえて正面から取り上げてみたい。

▶▶▶さらに、レポートや卒業論文の作成に向けた活動が本格化すると、本を借りたり、読んだりする必要が出てくるだろう。その際にあなたにオススメしたいのが、実際に書店に足を運ぶことだ。なぜなら、書店では、多くの読者に本を届けるために、書店員がたくさんの工夫を凝らしながら本棚を作っているからだ。その工夫に気づくことができれば、よりいっそう、これまでにない視点から書店を楽しむことができるはずだ。本書の最後に、特徴のある棚を作っている書店員へのインタビューを掲載している。書店の楽しみ方のポイントを知った上で、あなたの街の書店へと何度でも歩を進めてほしい。それもまた、「ふれる」ためのコツの１つだ。

▶▶▶ コトハジメるコツ！　1

授業でノートをとる

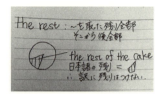

　上の写真は、著者が大学生の時に授業でとっていたノートを、本書掲載用に編集したものである。上部が英語、下部が韓国近現代史のノートからの抜粋である。このノートから著者なりのノートテイキングのコツをいくつかあげたい。

　まず大学に入学して困惑するのは、授業での情報量の多さだろう。先生はノートをとることを考慮しながら話してはくれないし、パワーポイントは次々にめくられる。なので、まず大前提として全部ノートに取ろうとしてはいけない。大事そうなところだけメモするつもりで書こう。そのため必然的に綺麗には書けない。大学でのノートは復習のためのメモ程度に考え、要点だけをどんどん書く。文章になっていなくても良いので、知らない単語、大事そうなことはどんどん書く。そしてその日のうちに、遅くても次の授業までにそれを見ながら別のノートにまとめ直しておくのが理想だ。

　要点だけ素早くノートにとるコツは絵や記号にしてしまうことだ。英語のノートを見ると、概念が絵で描いてある。このように文章でなく絵でメモすると早いし、概念が把握しやすい。最初は難しく感じるかもしれないが、概念を絵にする能力はプレゼンなどでも役立つので積極的に取り組んでみてほしい。

　次に素早くノートをとるために、自分なりの記号を決めよう。著者は前後関係はすべて→、結論は⇒を使用している。また意外で大事な展開の時には「しかし」ではなく、目立つように「BUT」を使用し、自分の疑問点、質問したいことの前には目玉マークを書くなど、早く書け、目立つ仕掛けにしてある。こうするとペンの色を変える必要もないので、その分時短にもなる。

　以上は著者なりの方法論だが、素早く要点を書くことを意識すると自然と自分なりの方法が確立されていくので、まずはこの方法をヒントにノートテイキングに取り組んでみてほしい。

（喜多　満里花）

コトハジメるコツ！ 2

フィールドノートをとる

　フィールドワークや質的社会調査について書かれた本には、「フィールドノートは、そこで見聞きしたことをできるだけ詳細に書くべき」であったり、「フィールドでの記憶はすぐに薄れてしまうので、できるだけ時間を開けずに早く記録をまとめるべき」といったことが書かれている。こうした指摘に異論を唱える者は少ないだろう。しかし、現場で起きたことのすべてを記録することは不可能だ。また、さまざまな事情により、詳細な記録をまとめることができない場合があるかもしれない。フィールドノートにはいったい何を書けばよいのだろうか。

　フィールドノートをまとめる際の注意点について佐藤郁哉は、「現場の情景が再生できるようなものにする必要がある」（佐藤 2002：177）と述べている。以下は、私の大阪・新世界でのフィールドワークにおける、地元商店主らによる活性化活動の会合でのフィールドノートの一部である。「会員の服装をみると、私服・ツッカケ・ゴム長靴・お店の制服姿などさまざまな格好をし、遅れて参加した寿司屋の板前である会員は、仕事を抜け出しての参加だったことが、お酢の匂いですぐにわかったくらいだった。ラフな服装というよりは、各人が仕事の合間を縫って会合に参加していたために仕事着を身にまとっていたといえ、この日参加できなかったほかの会員も、各人の仕事の都合による」。

　このフィールドノートの書き方についての評価は置いておくとして、ここには「匂い」という嗅覚によって得られた情報が含まれている。たしかにフィールドノートに記録される情報は、見たことや聞いたことが圧倒的に多い。しかし、視覚や聴覚以外の五感を通した記録は、その場の出来事やフィールドワーカーの心情などをあとから思い出すことを大いに助けてくれる。上記の寿司屋の会員は、その後会合に参加する頻度が少なくなっていった。その理由には、このフィールドノートの情景からうかがえる「忙しさ」も関係しているだろう。

　ところで、最近はスマートフォンやICレコーダーなどの普及により、フィールドワークやインタビューでの撮影や録音が以前よりも容易になったように思われる。こうした状況はフィールドワーカーにとって、むしろ視覚や聴覚「以外の」感覚を記録する余裕が生まれたことを意味するのかもしれない。

（八木　寛之）

佐藤郁哉 2002『フィールドワークの技法』新曜社

コトハジメるコツ！ 3

ひとことにこだわる

　わたしたちのプライベートな生活課題と、公共的な課題を結びつける思考法のことを、ミルズ（C.W.Mills）は社会学的想像力と名づけた。この想像力に裏打ちされながら、書く／聞く／まとめることとは、そもそもどういうことなのか。わたしも未だ悩み続けている。社会学部を卒業していないわたしが、これについて最初に悩んだのは社会学の大学院に入った時だった。別稿（研究のコトハジメの参考文献）にも記したが、当時フィールドワークを意識してはみたものの、何をどうすればいいのか、本当にわからなくなっていた。その時、あるフィールドワーカーの先輩から伝えられた助言が今も忘れられない。それは、フィールドの「たった『ひとこと』でええから……」という、それこそ「ひとこと」だった。

　それまでなじみのなかった理論や方法で頭がいっぱいになり、現場の人間関係にも悩んでいたわたしは、この助言にどれほど救われたかわからない。実際にわたしは、ある日系ペルー人の男性が語ってくれた「ひとこと」の意味を考えることを、修士論文の目的とした。もちろん、本当に「ひとこと」だけを提出したわけではない。その前後には先行研究のことなど、さまざまな文章がある。今ふり返ってもそれらは課題山積だが、社会学の世界で書く／聞く／まとめる上で私にまず問われていたのは、たった「ひとこと」が根拠でも、個人と社会の関係論理を明らかにしているかどうか、ということだったように思われる。

　それから10年近くが過ぎ、ミルズの文章に「社会学的詩誌（Sociological Poetry）」ということばを見つけて驚かされた。これは世界恐慌時にアメリカ南東部の小作農家の生活状況を著したエイジー（J.Agee）とエヴァンス（W.Evans）の書籍について、ミルズがPolitics誌によせた文中のことばだ。それは「社会的事実を報告すると同時に、人間にとってのその意味を明らかにする経験と表現についてのひとつのスタイル」だという（Mills 1948=2008:34）。このことばを見つけた時、私にはかつての先輩の助言が思い起こされた。そして、フィールドノートに記されていく（それこそ詩／詞のようでもある）一言一句には、社会を書く／聞く／まとめる上で、やはり重要なヒントがあるのだと思いなおしたのだった。あの時の先輩の「ひとこと」には、ミルズの生きた時代から時間と空間を越えて伝えられていたことが隠されていたのかもしれない。

（稲津　秀樹）

Mills, C.W.,1948=2008," Sociological Poetry", Summers, J.H., *The Politics of Truth: Selected Writings of C. Wright Mills*, New York: Oxford University Press.,33-35.

コトハジメるコツ！　4

卒論へと筆をとる

　ここに与えられたスペースで「卒論を書く」ための方法を具体的に示すのは難しい。具体的な方法については、「論文の書き方」を指南する書籍が多数刊行されているので、自身に合ったものを選んで読んでいただきたい。ちなみに、わたしがお薦めするのは、小川仁志『5日で学べて一生使える！　レポート・論文の教科書』（ちくまプリマー新書、2018年）である。ここでは、このコラムのタイトル通り、卒論を「書き始める」コツを示す。それをふまえた上で、卒論を「書く」とはどういうことかだけを簡潔明瞭に示してみたい。

　したがって、以下では、卒論を「書き始める」以前の作業、卒論のテーマの確定やデータ蒐集などについてはふれない（これらの点は「論文の書き方」書籍を参照）。「テーマが確定しデータが集まっていればもう書けるでしょう」と考える人も多いだろう。しかし、卒論は書き始めるのが案外難しい。卒論を書き始めるのがどうして難しいのか。一度で完成に近い完全な文章を書いてしまおうとするからである。そのために、多くの学生は、パソコンを立ち上げて文章を書き始めても、すぐに止まってしまうか、いつまでも書き出されない画面を見つめ続けることになる。

　ここで、文化人類学者のクロード・レヴィ＝ストロースがあるインタビューで語った彼自身の執筆法を紹介しよう（「私のなかには画家と細工師がおり、たがいに仕事を引き継ぐ」、ジャン＝ルイ・ド＝ランビュール編、岩崎力訳、2023、『作家の仕事部屋』、中公文庫：193-202）。レヴィ＝ストロースは執筆の際、まず全体の草稿を「ざっと」書く。この時に大事なのは、中断しないことであり、文章の間違い、記述の重複や欠落などは気にせず、とにかくひとつの原稿を最後まで書く。それから、この草稿の余白に加筆をしていく。加筆をくり返して余白が足りなくなれば別の紙片を草稿に貼りつけるなどして加筆を続けるという。

　この方法の要点は、とにかく手を動かして最後まで書いてみる、ということだ。そして、文章を何度も手直しして完成したものへと仕上げていく。卒論を「書き始める」ために大事なことも、手を動かしてまず書いてみることだ。まず「わかっている事実」を「書く」。そして、それらの関連や思いついたアイデアを「書く」。こうして、細かいことは気にせず、とにかく最後まで「書く」。そして、それに加筆修正していく。卒論を書くことにおいて、文章を書くことと加筆修正することはワンセットである。したがって、「卒論を書く」とは、「まず書く、そして考え、また書く」という作業のくり返しなのだ。　　　　　（菊池　哲彦）

▶▶▶ コトハジメるコツ！　5

書店員さんのこだわりにふれる
（聞き手：ケイン樹里安　語り手：松本秀昭）

ケイン：松本さん、いつもお世話になっております。松本さんにはすでに「オンラインでふれる社会学」（URL or QRコード）の方に、「本屋にふれる」と題したコラムを書いていただいています。そして、その上で、こちらの紙媒体の『ふれる社会学』の方ではインタビュー編ということで、書店員さんの目線を知ることで、書店員流の本屋さんでの「楽しみかた」に「ふれる」きっかけを読者のみなさんに提起したいなぁと思っております。まぁ、僕が知りたいのが一番の動機なのですが（笑）どうぞ、よろしくお願い致します。

　さて、さっそくですが、まずは「オンラインでふれる社会学」コラムで松本さんが指摘されたことをザックリと僕なりにまとめたいと思います。

　あちらのコラムで指摘されたことは、本屋でひとしきりウロウロ歩きまわると、ある種の身体感覚を知らず知らず僕たちは身につけていくということ（あの本が数歩先のあっちの棚の上から何段目らへんにあるといった感覚）、そして、どこか「自分の脳みその話」だと思いがちな記憶や知識が、外部の物体や環境（要するに、本棚の並びや本屋さんの特性）に左右されることだったと思います。

　「本屋や図書館に行く」ということが、ものすごく身体的な行為であるという指摘自体が大変おもしろいのですが、その上で、今回お聞きしたいのは、書店員さんの「やっていること」なのです。つまり、ある意味、書店員さんが実際にされていることは、わたしたちの身体感覚や知識や記憶を左右しかねない外部環境を「つくる」ことや「調整する」ことだと思うのです。で、その秘密に迫りたいのです（笑）

　秘密といいますか、むしろワザやスキルといったほうが正確な気がしますね。もっと具体的な話をしますと、松本さんのつくる本棚って「サイズがぜんぜん違う本が隣同士で並んでる」ことがありますよね。あれって、なかなかほかの書店、とくに大型書店では見かけないと思うのですよ。本棚のサイズにピッタリな本がキチンと並んでるってことが多いですよね。あれはなぜなのか。その「こだわり」の意図や狙いや策略（笑）を聞きたいのです！

松　本：単純に、ほかの大型店のように文庫や新書を出版社別に並べるほど売り場面積がな

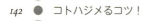

かったというのが一つあります。そういう条件があって、西洋哲学・思想に関しては、哲学史・思想史の流れを視覚的にとらえられるようにすれば、おもしろいんじゃないのかという思いつきで棚をつくっていきました。たとえば、ベーコン、ガリレオ、デカルト、ホッブズといった、フーコーの『言葉と物』でいう「古典主義時代」の代表者の前に文芸のセルバンデスの『ドン・キホーテ』やシェイクスピ

同時代にどんな人物がいたのか、意外な発見を楽しめるように並べられた棚（上）。
その結果、文庫や新書にくわえていろいろな判型の本が並ぶようになった棚の様子（下）。

アを置いてみました。そうすると、絵画ではレンブラント、フェルメールも同時代人だなぁとか。哲学・思想史の教科書的には、社会契約説があって、啓蒙の時代、ドイツの疾風怒濤とロマン主義と続いていきますが、そこにアメリカ・フランス革命に関する歴史の本を入れたり、立憲体制の歴史の本を入れたり、ルソーの時代にはモーツァルトがいて、ヘーゲルの時代にはベートーベンがいてとか、そのあいだにはカントとマルキ・ド・サドが同時代人でいたりとか、膨らませていきました。そんな感

じで、歴史の流れと時代性、さらに時代の注目点のようなものを目で追いながら楽しめるようにしていった結果が今の棚です。

　ただ、注意しているのは本の中身をきちんと「調べて」「わかって」やることです。キーワードや関連用語で適当に置いちゃってるな、というところが学生の頃から気になっていて、そういうのって、見る人が見ればわかりますから、そういう人に「つっこまれない」ということをいつも意識しています。

ケイン：もう一点お聞きしたいのは、本にアクセスする機会として、大学図書館や大学の生

協・本屋さん、大手通販サイト、そして、本屋さんがあると思うのですが、本屋さんならではの特徴といいますか、「これ知ってたらおもしろいよ！」みたいなポイントってどのあたりでしょう？？

松　本：大学図書館は情報は豊富ですが、本の並びに不満を感じるはずです。便宜上、国別で分けてしまったりするのでしかたないのですが、「なんでここにあれがないんだ」とか。そういった制約や条件を工夫できるのが本屋の棚なので、大学図書館でいろいろな不満を感じている人ほど、本屋を見る目はあると思いますよ。
　　大学で扱う専門書の新刊情報に関して大学の生協や本屋が一番です。よほどの大型店でなければ同じことをすることはできません。ただ、棚は学問分野や人名でまとめてしまうのでねぇ。そういうわかりやすさを崩しながら、楽しい棚をつくろうとしているのが本屋の特徴だと思いますので、そこを見るといいと思います。

ケイン：最近、本屋さんそれ自体を特集する雑誌の刊行やイベントが開催されたりしていますよね。松本さんの目からみて、こういった動向の背景とか、それをふまえていろんな本屋さんに行く時の「おもしろがれる」ポイントってあります？？

松　本：魅力的な本屋さん多いですね。ただ、わたしは文芸書をあまり多く読まないので、そんなに熱心に書店めぐりをしたりしないんです（笑）。ただ、行くと必ず総合誌をチェックします。WIRED や STUDIO VOICE、MONKEY、最近ですと ATLANTIS とかとてもいい総合誌が創刊しましたね。どこに置いてあるのかとか、特集に合わせて文脈をつくっているのかとかは確認します。こんな雑誌あったのか、なんていうのはとてもうれしい発見です。そういえば、学生の頃から総合誌と文芸誌って書店の顔だなぁと思っていましたね。そこ見れば大体わかるというか。
　　それと、本屋のイベントは機会があれば絶対行った方がいいですね。間違いなく勉強になりますし。作家さんとかなら、オフレコでしかしない話とか。誰でも楽しめる本屋のおもしろさって「イベント」なのではないかと最近思います。

ケイン：ありがとうございました！読者のみなさん、ぜひ「オンラインでふれる社会学」のコラムも読んでみてくださいねー！

あ と が き

　本書は社会学の大学教科書／入門書である。だが、本書は、折り目正しい社会学の学説書ではない。エッジの利いたテーマを扱う身近で親しみやすい入門書であることを目指した。それでいて、社会学部や社会学専攻の学生のみに向けて本書が編まれたわけでもない。「なんとなく履修してみた」という他学部・他専攻の学生はもちろん、書店や図書館で偶然、本書を手に取った人々も読者として想定した上で本書は編まれている。社会学的な知識や姿勢が必要な人、実は必要としているかもしれないが気づいていない人、それらをおもしろがってくれるかもしれない誰かに、本書が届くことを心から願っている。

　本書のタイトルは社会学と銘打たれているが、題材に合わせて、カルチュラル・スタディーズやメディア論、地理学、人類学、民俗学、記号論といった領域にも必要に応じて「ふれる」ように試みている。「役に立つ」学問の効用なるものがあるとすれば、それは「いつかやってくるもの」として事後的にしか把握できないだろう。とはいえ、本章で取り上げたテーマは身近なものでもあるので、意外と即座に「役に立つ」ものであるかもしれない。

　その「いつか」が訪れるであろう1人1人の誰かにむけて13人で編んだ手紙の束を、北樹出版の敏腕編集者・福田千晶さん、とびっきりに素敵な装丁で「ふれる社会学」の世界観を表現してくださった椎名寛子さん、「新入り」の視点を活かして率直なコメントを寄せて下さった小倉優花さんをはじめとする多くの方々のご協力のもとに編まれたものが本書である。あらためて、かかわってくださったすべての方々にお礼を申し上げます。ありがとうございます。

　本書の内容は対面的なイベントや「オンラインでふれる社会学」（URL http://www.hokuju.jp/fureru/shiryo.html）においても日々拡張が行われる。その1つ1つの「ふれる」場所が、誰かの次の一歩へとつながりますように。

　2019年8月

　　　　　　　　　　　　　　　　　　ケイン樹里安・上原健太郎

事 項 索 引

◆あ　行

アーキテクチャ　5
アーティキュレーション　49
アートプロジェクト　39
愛国心　104
アイデンティティ　66, 88, 97, 100, 102
アイドル　69
アセクシュアル　76
アセンブリ（集会）　7
集まり　121
アニメ聖地巡礼　39
アファーマティブ・アクション　88
アプロプリエーション（奪用／流用）　49
威光模倣　60
異種混淆性^{ハイブリディティ}　61
一斉共同体主義　86
逸脱　49
イデオロギー　99
いらすとや　33
印象管理　3
印象操作　23
インターンシップ　20
インナーシティ　42
インペアメント　114, 119
魚釣島　103, 106
エア・ジョーダン　48
映像　10, 15〜17
エスニシティ　102
エスノスケープ（民族の地景）　84
Xジェンダー　76
エントリーシート　21
オーディエンス（聴衆、視聴者）　96
オールドカマー　88
「お客様は神様です」　29
音響室効果^{エコーチャンバー}　6

◆か　行

外国につながる子ども　84
下位文化（subculture）　42
学習言語　86
学歴分断社会　88
家族　116
学校文化　86, 90
釜ヶ崎　43

カラーライン　123
関係可能性　15〜17
関係人口　41
観光のまなざし　38, 39, 64
観光まちづくり　40〜42
慣習　130
感情管理　30, 31
感情労働　30, 36
関与シールド　3
技芸^{ルーツ}　98
起源（roots）　60, 99
記号論　50
疑似イベント　38, 39, 42
軌跡　89
帰属の政治　97
キャリア教育　20
共食　10, 12, 13, 16, 17
共同性　11, 16, 17
クィア　77, 78
クエスチョニング　76
組み上げ^{コンポジション}　62
ケア　116
ゲイ　76
ゲイ開放運動　77
形式的な平等　87
携帯端末^{モバイルメディア}　7
経路（routes）^{ルーツ}　53, 56, 60, 99
化粧　71
言説　49
幻想　16, 17
嫌中　104
権力　123
行為主体^{アクター}　62
工業社会　30
交　差　性（intersectionality）^{インターセクショナリティ}　100
公正　87, 89
合同企業説明会　20
行動パターン　23
交流人口　41
孤食　11
個人化（パーソナライゼーション）　6
個人モデル的アプローチ　115
コミュニティ　42

コンタクト・ゾーン　89, 92, 91

◆さ　行

サービス産業化　29
再帰的　40
サイバーカスケード　6
再領土化　61
盛り場　43
サブカルチャー　50
差別感情　105〜107, 109
産業化　29
シェア　15〜17
ジェンダー　7, 24, 29, 32, 34, 59, 78
ジェンダーレス　68
ジェントリフィケーション（gentrification）　42
自己実現系ワーカホリック　32
自己呈示　23
自己の再帰的プロジェクト　23
自己分析　22
社会化　23
社会学的想像力　107, 110
社会構想　126
社会集団　24
社会的構築主義　66
社会的事実　22, 130
社会的紐帯　62
社会的潮流　130
社会的分断　92
社会のかたち　10, 17
社会の心理主義化　21
社会モデル的アプローチ　115
ジャニーズ　69
就学義務　84
就活　27
就活ウツ　22, 25
就活世界　20
集合的沸騰　58, 122
就職活動（就活）　19
準拠集団　24, 71
障害の個人モデル　114
障害の社会モデル　113, 114
状況的学習論　58
象徴　123
象徴闘争　52
承認　89
消費　28
消費者　31

消費社会　39
情報社会　39
昭和レトロ　39
新規大卒市場　21
新自由主義（ネオリベラリズム）　126
人種　97
人種化　97
人種差別　49
新世界　43, 46
身体化　58
身体技法　58
進路選択　24
進路保障　88
スティグマ　49, 96
ステレオタイプ　37
ストーンウォール　77
スパイダーマン　48, 54
生育環境　24
生活言語　86
生産　28
生産者　31
性自認（ジェンダー・アイデンティティ）　75
性的指向（セクシュアル・オリエンテーション）　75
セクシュアリティ　7
セクシュアル・マイノリティ　75, 76
セックス　78
節合　49
折衝・交渉　99
セミリンガル　86
尖閣諸島　103, 104, 106
全身就活　20
選別（フィルタリング）　6
相互作用　23, 40, 50
想像する　90, 92
創造性　61
想像力　105
ソーシャル・ネットワーク・サービス（SNS）　6, 10, 14, 15, 18, 46, 58, 61, 69, 74, 75, 95〜97
ソーシャルメディア　5

◆た　行

ダークツーリズム　39
第一波フェミニズム　78
対抗的刻印　70
第三波フェミニズム　79
対人サービス　31
第二波フェミニズム　78, 79

事項索引　147

ダイバーシティ　75, 80
多元主義　53
脱工業化　42
地域アイデンティティ　40~43
地域イメージ　37, 40, 42~44
地域活性化40, 41
地域社会　25
秩序　120
中心市街地　40
賃金　32
抵抗　50
ディスアビリティ　114, 118
伝統の創造／創られた伝統　64
東京レインボープライド　74
道徳　130
特別入試・入学枠制度　88
ともに投げ込まれている（thrown togetherness）
　84, 92
トランスジェンダー　76
　◆な・は行
ナショナル・アイデンティティ　102
『逃げるは恥だが役に立つ』　33
二重意識　124
二重生活　61
ニューカマー　88
ネオリベラリズム　79
場（フィールド）　52
排外主義　109
バイク便ライダー　32
バイセクシュアル　76
ハコモノ行政　40
パフォーマンス　3
バブル景気　40
阪神・淡路大震災　121, 127
パンセクシュアル　76
反日デモ　104, 105
東日本大震災　93, 94, 126
表象　49
ファッション　71, 73
不安定性（プレカリアス）　7
フィルターバブル　6
風営法　56
フェミニズム　70, 78, 82
不就学　85, 92
不平等の再生産　88
ブラック企業　34

ブラックバイト　34
ブラック・パワー・サリュート　48
ブリコラージュ（器用仕事）　50, 61
プロトコル　5
プロパガンダ　7
文化資本　52
文化装置　23
文化的職業従事者　24
文化の脱領土化　60
分節化　49
分配　11, 15~17
ヘイトクライム（憎悪犯罪）　6, 124
ヘイトスピーチ　（憎悪表現）　6, 88, 109, 124
法　130
方法論的個人主義／社会唯名論　132
方法論的全体主義／社会実存論　132
ポストフェミニズム　　79, 80
本質主義　53
ほんもの（真正性）　42, 44
　◆ま・や行
マイノリティ（少数派・少数者）　6, 98
マジョリティ（多数派）のもつ特権　135
マスメディア　38
まなざし　71
メイク　73
メイドカフェ　82
飯テロ　10, 14~17
メディアの権力　96
メディアはメッセージ　7
燃え尽き　31
物　130
　◆や・ら行
役割演技　3
谷根千　43
やりがい　32
　──の搾取　33, 34, 36
ゆるキャラ　41
余暇活動　38
ラベリング　49
リクルートスーツ　20
流言飛語（デマ）　6
領土問題　104
ルーツ　53, 56, 60, 89, 99
レインボー　54, 74, 75, 80
レジャー　38
レズビアン　76

連帯＝団結　7
労働　5, 28
労働現場　32
労働者　38

3F（Food 食、Festival 祭り、Fashion 衣服）　89
ADHD　119

Amazon　6
B 級グルメ　41
Instagram　6, 9, 95
K-POP　71
LGBT　75, 80
LGBTQ　54
YouTube　6, 9, 98

人 名 索 引

◆あ・か行
アーリ，ジョン（Urry, John）　38, 39
阿部真大　32, 36
新垣結衣　33
ウェーバー，マックス（Weber, Max）　124,
　129~134
ウェンガー，エティエンヌ（Wenger, Etienne）
　58
エイジー（Agee, J.）　140
エヴァンス（Evans, W.）　140
オーウェル，ジョージ（Orwell, George）　109
大坂なおみ　95
ギルロイ，ポール（Gilroy, Paul）　52
クドリー，ニック（Couldry, Nick）　96
クレーリー，ジョナサン（Crary, Jonathan）　5
ゴフマン，アーヴィング（Goffman, Erving）　3,
　23, 67

◆さ・た行
佐々木莉佳子　95
澤田昌人　16
渋谷望　126
ジョーダン，マイケル　48~50
ジンメル（Simmel, Georg）　129, 131~134
セルトー，ミシェル・ド（Certeau, Michel de）　98
角田隆一　15
デュボイス（Du Bois, William Edward Burghardt）
　123, 124
デュルケーム，エミール（Durkheim, Émile）　22,
　58, 122, 129~134

◆は　行
八村塁　95

バトラー，ジュディス（Butler, Judith）　6, 79
Perfume　4
東国原英夫　41
ブーアスティン，ダニエル（Boorstin, Daniel）　38
ブルーベイカー，ロジャース（Brubaker, Rogers）
　97
ブルデュー，ピエール（Bourdieu, Pierre）　52, 53
ベッカー，ハワード（Becker, Howard）　49
ヘブディジ，ディック（Hebdige, Dick）　50
ホール，スチュアート（Hall, Stuart）　49
ホックシールド，アーリー（Hochschild, Arlie）　30,
　31, 36
ホブズボーム，エリック（Hobsbawm, Eric）　64
本田由紀　32, 33, 34, 36

◆ま・ら・わ行
マートン，ロバート（Merton, Robert）　24
マクルーハン，マーシャル(McLuhan, Marshall）
　7, 9
見田宗介　125
三波春夫　29
ミルズ（Mills, Wright）　23, 24, 135, 140
モース，マルセル（Mauss, Marcel）　58, 60
ライール，ベルナール（Bernard Lahire）　61
ラトゥール，ブリューノ（Bruno Latour）　62
レイヴ，ジーン（Lave, Jean）　58
レヴィ＝ストロース，クロード（Lévi-Strauss,
　Claude）　61, 141
ローズ，ニコラス（Rose, Nikolas）　124
渡辺直美　95

BTS（防弾少年団）　68~71

【執筆者紹介】（執筆順）

ケイン　樹里安（けいん　じゅりあん）（編者、第 1・7・11・15 章）

元昭和女子大学人間社会学部現代教養学科特命講師
主著：『ゆさぶるカルチュラル・スタディーズ』（分担執筆、北樹出版、2023 年）、『プラットフォーム資本主義を解読する』（共編著、ナカニシヤ出版、2023 年）、『いろいろあるコミュニケーションの社会学 Ver.2.0』（分担執筆、北樹出版、2020 年）
好きな映画：『インターステラー』（クリストファー・ノーラン監督、2014 年）

菊池　哲彦（きくち　あきひろ）（第 2 章）

尚絅学院大学総合人間科学系准教授
主著：『映像文化の社会学』（分担執筆、有斐閣、2016 年）、『歴史と向きあう社会学』（分担執筆、ミネルヴァ書房、2015 年）、『記憶と記録のなかの渋沢栄一』（分担執筆、法政大学出版局、2014 年）
好きな映画：『私のように美しい娘』（フランソワ・トリュフォー監督、1972 年）

上原　健太郎（うえはら　けんたろう）（編者、第 3・4・15 章）

大阪国際大学人間科学部心理コミュニケーション学科准教授
主著：『地元を生きる――沖縄的共同性の社会学』（共著、ナカニシヤ出版、2020 年）、『社会再構築の挑戦――地域・多様性・未来』（分担執筆、ミネルヴァ書房、2020 年）、『いろいろあるコミュニケーションの社会学 Ver.2.0』（分担執筆、北樹出版、2020 年）
好きな映画：『ブルックリン』（ジョン・クローリー監督、2015 年）

八木　寛之（やぎ　ひろゆき）（第 5 章）

関西国際大学現代社会学部准教授
主著：『さまよえる大都市・大阪――「都心回帰」とコミュニティ』（分担執筆、東信堂、2019 年）、「商店街活動のフィールドワーク――大阪・新世界での事例研究から」『社会と調査』第 21 号（2018 年）、「エスニック・タウンで「商店街の価値を高める」ことの意味――大阪・生野コリアタウンにおける商店街活動と「多文化共生のまちづくり」」『日本都市社会学会年報』第 35 号（共著、2017 年）
好きなアニメ：『宇宙よりも遠い場所』（いしづかあつこ監督、2018 年）

有國　明弘（ありくに　あきひろ）（第6章）

せとうち観光専門職短期大学助教

主著：『クリティカル・ワード　ファッション・スタディーズ』（分担執筆、フィルムアート社、2022年）、「学校で踊る若者は『不良』か――ストリートダンスはどのようにして学校文化に定着したか」『新社会学研究』第5号（2021年）、『ガールズ・メディア・スタディーズ』（分担執筆、北樹出版、2021年）

好きな映画：『ドゥ・ザ・ライト・シング』（スパイク・リー監督、1989年）

喜多　満里花（きた　まりか）（第8章）

共立女子大学国際学部専任講師

主著：「文化広報におけるナショナル・アイデンティティの語られ方――韓国における国家ブランディングを事例として」『マス・コミュニケーション研究』第97号（2020年）、『基礎ゼミ　メディア・スタディーズ』（分担執筆、世界思想社、2020年）、「国家ブランディングの自国における意味付与」『市大社会学』第15号（2018年）

好きな映画：『日の名残り』（ジェームズ・アイヴォリー監督、1993年）

中村　香住（なかむら　かすみ）（第9章）

慶應義塾大学文学部・慶應義塾大学大学院社会学研究科等非常勤講師

主著：『アイドルについて葛藤しながら考えてみた――ジェンダー／パーソナリティ／〈推し〉』（共編著、2022年、青弓社）、『消費と労働の文化社会学――やりがい搾取以降の「批判」を考える』（共編著、2023年、ナカニシヤ出版）、『ガールズ・メディア・スタディーズ』（分担執筆、北樹出版、2021年）

好きな映画：『美女と野獣』（ゲーリー・トゥルースデイル／カーク・ワイズ監督、1991年）

金南　咲季（きんなん　さき）（第10章）

椙山女学園大学情報社会学部准教授

主著：『移民から教育を考える――子どもたちをとりまくグローバル時代の課題』（分担執筆、ナカニシヤ出版、2019年）、「『多文化共生』言説をめぐるポリティクス――多文化混交地域におけるマイノリティアクター間の接触と変容に着目して」『日本都市社会学年報』第35号（2017年）、「地域社会における外国人学校と日本の公立学校の相互変容過程―コンタクト・ゾーンにおける教育実践に着目して」『教育社会学研究』第98集（2016年）

好きな映画：『シェイプ・オブ・ウォーター』（ギレルモ・デル・トロ監督、2017年）

執筆者紹介　　*151*

栢木　清吾（かやのき　せいご）（第12章）

翻訳家、広島工業大学ほか非常勤講師
主著：訳書に『フィッシュ・アンド・チップスの歴史——英国の食と移民』（パニコス・パナイー著、翻訳、創元社、2020年）など、共著に『舌の上の階級闘争』（分担執筆、リトルモア、2024年）、『出来事から学ぶカルチュラル・スタディーズ』（分担執筆、ナカニシヤ出版、2017年）
好きな映画：『鬼が来た！』（姜文監督、2000年）

佐々木　洋子（ささき　ようこ）（第13章）

和歌山県立医科大学教育研究開発センター講師
主著：『よくわかる医療社会学』（分担執筆、ミネルヴァ書房、2010年）、『〔新版〕現代医療の社会学——日本の現状と課題』（分担執筆、世界思想社、2015年）
好きな映画：『ルイ14世の死』（アルベルト・セラ監督、2016年）

稲津　秀樹（いなづ　ひでき）（第14章）

鳥取大学地域学部准教授
主著：共編著に『社会的分断を越境する——他者と出会いなおす想像力』（共編著、青弓社、2017年）、共著に『サイレント・マジョリティとは誰か——フィールドから学ぶ地域社会学』（分担執筆、ナカニシヤ出版、2018年）『排除と差別の社会学〔新版〕』（分担執筆、有斐閣、2016年）など、
好きな映画：『港に灯がともる』（安達もじり監督、2025年）

松本　秀昭（まつもと　ひであき）（コトハジメるコツ！）

湘南 蔦屋書店人文、哲学思想担当を経て、現在、出版営業・販売コンサルティング会社所属
好きな映画：『みんなの学校』（真鍋俊永監督、2014年）

編著者紹介

ケイン　樹里安

1989年生まれ。大阪市立大学大学院文学研究科単位取得退学。修士（文学）。元昭和女子大学人間社会学部現代教養学科特命講師。主な研究テーマは、「ハーフ」とよさこい踊り。

主著：『ゆさぶるカルチュラル・スタディーズ』（分担執筆、北樹出版、2023年）、『プラットフォーム資本主義を解読する』（共編著、ナカニシヤ出版、2023年）、『いろいろあるコミュニケーションの社会学 Ver.2.0』（分担執筆、北樹出版、2020年）

主論文：「『日中ハーフ』とメディアの権力」『新社会学研究』第 4 号（180-202, 2019年）

＊「ハーフ」に限らず海外ルーツと身の回りの人を繋ぐWEBサイトHAFU TALK（ハーフトークhttps://www.hafutalk.com）共同代表。唐揚げとコーラが燃料。深夜の飯テロが趣味。博士論文鋭意執筆中。Twitter: @juli1juli1

上原　健太郎

1985年生まれ。社会学者。大阪市立大学大学院文学研究科単位取得退学。博士（文学）。大阪国際大学人間科学部心理コミュニケーション学科准教授。主な研究テーマは、沖縄の若者の就労問題。

主著：『地元を生きる』（共著、ナカニシヤ出版、2020年）、『社会再構築の挑戦——地域・多様性・未来』（分担執筆、ミネルヴァ書房、2020年）、『いろいろあるコミュニケーションの社会学ver.2.0』（分担執筆、北樹出版、2020年）

主論文：「『間断のある移行』に関する教育社会学的研究」（大阪市立大学 文学研究科 博士学位論文 2018年）、「正規教員を目指すことはいかにして可能か」『都市文化研究』18号、2016年）

＊詳しくは、個人HP（https://namakeru.wordpress.com/）を参照。趣味は街歩き。

ふれる社会学

2019年11月20日　初版第 1 刷発行
2025年 4 月 1 日　初版第 9 刷発行

著　者　ケイン　樹里安
　　　　上　原　健太郎

発行者　木　村　慎　也

・定価はカバーに表示　　印刷　恵友社／製本　川島製本

発行所　株式会社　北 樹 出 版

〒153-0061　東京都目黒区中目黒1-2-6
URL:http://www.hokuju.jp
電話(03)3715-1525(代表)　FAX(03)5720-1488

ⒸJulian Keane & Kentaro Uehara 2019, Printed in Japan
ISBN978-4-7793-0618-1
（落丁・乱丁の場合はお取り替えします）